KB037926

김예슬 선언

오늘 나는
대학을
그만둔다,
아니
거부한다

김예슬 선언

김예슬 지음

오늘 나는
대학을
그만둔다,
아니
거부한다

느린걸음

는 대학을 그만 둡니다

우정도 정의도 없는

죽은 대학이기에

고려대학교 경영학과 김예술

자발적 퇴교를 앞둔 고려대학교 경영학과 3학년 김예슬

오늘 나는 대학을 그만둔다
아니 거부한다

오늘 나는 대학을 그만둔다. G세대로 '빛나거나'
88만원 세대로 '빛내거나' 그 양극화의 틈에서 불
줄다리기를 하는 20대. 무한히 기로
수 없다는 불안에 앞만

우리들의 다른 길은 이
제 나의 이야기를 시작

www.kuleader.net
2010 고려대학교
응원단 신입단원
모심

2010년 3월 10일 고려대학교 교정에 붙은 〈김예슬 대학거부 선언〉 대자보

김예슬

2010년 3월 10일, 고려대학교 교정에 붙은 대자보 하나가 시대의 양심을
찔렀다. "오늘 나는 대학을 그만둔다, 아니 거부한다"라는 제목의 고려대학교
경영학과 3학년 김예슬의 대학거부 선언. 그로부터 대한민국은 크게
술렁였다. '김예슬 선언'은 MBC 9시뉴스와 경향신문 1면, 수많은 방송 및
칼럼을 통해 보도되었으며 각종 인터넷 포털의 메인에 떠올랐다. 수백만
네티즌들은 잠 못 이루며 의견을 표명하고 댓글을 달며 슬픔과 분노의 마음을
나누기 시작했다. 대학과 사회 모순의 심장을 찌른 래디컬한 그의 행동은
수많은 사람들을 멈춰 서게 하고 자신을 돌아보게 하는 삶의 화두가 되었다.
'김예슬 선언'은 거대한 '대학'과 '국가'와 '시장'이라는 억압의 3각동맹을 향해
던진 작은 돌멩이의 외침이었지만, 이로부터 균열은 시작되었다. 아니 조용한
혁명은 이미 시작되었다.
김예슬은 1986년 서울에서 태어났다. 2001년 비평준화 마지막 세대로
소위 명문고라는 분당 서현고등학교에 입학했다. 열여덟 살에는 국제기구
활동가와 방송사 PD를 꿈꾸기도 했다. 2004년 고려대학교 경영학과에
입학했다. 진리도 우정도 정의도 사라진 대학의 실상을 마주하면서 '대학은
무엇인가'를 고뇌하며 답을 찾아나섰다. 비영리사회단체 〈나눔문화〉의
청년모임인 〈대학생나눔문화〉에서, 사회 불의에 저항하고 국경 너머
평화나눔을 실천하고 밤을 새워 고전을 읽고 토론하며 자유의 푸른 숨을
내쉬었다. '김예슬 선언' 이후 언론 및 정치 참여 제안을 거절하고 〈나눔문화〉
사무처장으로 일하면서 진정한 '삶의 대학'을 세워가는 꿈을 꾸고 있다.
2016-2017년 '촛불혁명'의 현장에서 기록한 두 번째 책 『촛불혁명』(2017)을
펴냈다. 이 책은 2020년 일본에서 번역 출간되었고, 일본 국회 연설로 '한국
촛불혁명'의 의의를 알렸다.

오늘 나는 대학을 그만둔다
아니 거부한다!

자발적 퇴교를 앞둔 고려대학교 경영학과 3학년 김예슬

오늘 나는 대학을 그만둔다. 아니, 거부한다! G세대로 '빛나거나' 88만원 세대로 '빛내거나', 그 양극화의 틈새에서 불안한 줄타기를 하는 20대. 그저 무언가 잘못된 것 같지만 어쩔 수 없다는 불안과 좌절감에 앞만 보고 달려야 하는 20대. 그 20대의 한가운데에서 다른 길은 이것밖에 없다는 마지막 남은 믿음으로.

이제 나의 이야기를 시작하겠다. 이것은 나의 이야기이지만 나만의 이야기는 아닐 것이다. 나는 25년 동안 경주마처럼 길고 긴 트랙을 질주해왔다. 우수한 경주마로, 함께 트랙을 질주하는 무수한 친구들을 제치고 넘어뜨린 것을 기뻐하면서. 나를 앞질러 달려가는 친구들 때문에 불안해 하면서. 그렇게 소위 '명문대 입학'이라는 첫 관문을 통과했다. 그런데 이상하다. 더 거세게 나를 채찍질해봐도 다리 힘이 빠지고 심장이 뛰지 않는다. 지금 나는 멈춰 서서 이 경주 트랙을 바라보고 있다. 저 끝에는 무엇이 있을까? '취업'이라는 두 번째 관문을 통과시켜 줄 자격증 꾸러미가 보인다. 너의 자격증 앞에 나의 자격증이 우월하고 또 다른 너의 자격증 앞에 나의 자격증이 무력하고, 그리하여 새로운 자격증을 향한 경쟁 질주가 다시 시작될 것이다. 이제서야 나는 알아차렸다. 내가 달리고 있는 곳이 끝이 없는 트랙임을. 앞서 간다 해도 영원히 초원으로는 도달할 수 없는 트랙임을.

이제 나의 적들의 이야기를 시작하겠다. 이 또한 나의 적이지만 나만의 적은 아닐 것이다. 이름만 남은 '자격증 장사 브로커'가 된 대학, 그것이 이 시대 대학의 진실임을 마주하고 있다. 대학은 글로벌 자본과 대기업에 가장 효율적으로 '부품'을 공급하는 하청업체가 되어 내 이마에 바코드를 새긴다. 국가는 다시 대학의 하청업체가 되어, 의무교육이라는 이름으로 12년간 규격화된 인간제품을 만들어 올려 보낸다. 기업은 더 비싼 가격표를 가진 자만이 피라미드 위쪽에 접근할 수 있도록 온갖 새로운 자격증을 요구한다. 이 변화 빠른 시대에 10년을 채 써먹을 수 없어 낡아 버려지는 우리들은 또 대학원에, 유학에, 전문과정에 돌입한다. 고비용 저수익의 악순환은 영영 끝나지 않는다. '세계를 무대로 너의 능력만큼 자유하리라'는 세계화, 민주화, 개인화의 넘치는 자유의 시대는 곧 자격증의 시대가 되어버렸다. 졸업장도 없는 인생이 무엇을 할 수 있는가? 자격증도 없는 인생이 무엇을 할 수 있는가? 학습된 두려움과 불안은 다시 우리를 그 앞에 무릎 꿇린다.

생각할 틈도, 돌아볼 틈도 주지 않겠다는 듯이 또 다른 거짓 희망이 날아든다. '교육이 문제다, 대학이 문제다'라고 말하는 생각 있는 이들조차 우리에게 이렇게 말한다. "성공해서 세상을 바꾸는 '룰러'가 되어라", "네가 하고 싶은 것을 해. 나는 너를 응원한다", "너희의 권리를 주장해. 짱돌이라도 들고 나서!" 그리고 칼날처럼 덧붙여지는 한 줄, "그래도 대학은 나와야지." 그 결과가 무엇인지는 모두가 알고 있으면서도.

큰 배움도 큰 물음도 없는 '대학大學'없는 대학에서, 나는 누구인지, 왜 사는지, 무엇이 진리인지 물을 수 없었다. 우정도 낭만도 사제간의 믿음도 찾을 수 없었다. 가장 순수한 시절 불의에 대한 저항도 꿈꿀 수 없었다. 아니, 이런 건 잊은지 오래여도 좋다. 그런데 이 모두를 포기하고 바쳐 돌아온 결과는 정녕 무엇이었는가. 우리들 20대는 끝없는 투자 대비 수익이 나오지 않는 '적자 세대'가 되어 부모 앞에 죄송하다. 젊은 놈이 제 손으로 자기 밥을 벌지 못해 무력하다. 스무 살이 되어서도 내가 뭘 하고 싶은지 모르고 꿈을 찾는 게 꿈이어서 억울하다. 이대로 언제까지 쫓아가야 하는지 불안하기만한 우리 젊음이 서글프다.

나는 대학과 기업과 국가, 그리고 대학에서 답을 찾으라는 그들의 큰 탓을 묻는다. 깊은 분노로. 그러나 동시에 그들의 유지자가 되었던 내 작은 탓을 묻는다. 깊은 슬픔으로. '공부만 잘하면' 모든 것을 용서받고 경쟁에서 이기는 능력만을 키우며 나를 값비싼 상품으로 가공해온 내가, 이 체제를 떠받치고 있었음을 고백할 수밖에 없다. 이 시대에 가장 위악한 것 중에 하나가 졸업장 인생인 나, 나 자신임을 고백할 수밖에 없다.

그리하여 오늘 나는 대학을 그만둔다. 아니, 거부한다! 더 많이 쌓기만 하다가 내 삶이 한번 다 꽃피지도 못하고 시들어 버리기 전에. 쓸모 있는 상품으로 '간택'되지 않고 쓸모 없는 인간의 길을 '선택'하기 위해. 이제 나에게는 이것들을 가질 자유보다는 이것들로부터의 자유가 더 필요하다. 자유의 대가로 나는 길을 잃을 것이고 도전에 부딪힐 것이고 상처 받을 것이다. 그러나 그것만이 삶이기에, 삶의 목적인 삶 그 자체를 지금 바로 살기 위해 나는 탈주하고 저항하련다. 생각한 대로 말하고, 말한 대로 행동하고, 행동한 대로 살아내겠다는 용기를 내련다.

학비 마련을 위해 고된 노동을 하고 계신 부모님이 눈앞을 가린다. '죄송합니다. 이 때를 잃어버리면 평생 나를 찾지 못하고 살 것만 같습니다.' 많은 말들을 눈물로 삼키며 봄이 오는 하늘을 향해 깊고 크게 숨을 쉰다.

이제 대학과 자본의 이 거대한 탑에서 내 몫의 돌멩이 하나가 빠진다. 탑은 끄떡없을 것이다. 그러나 작지만 균열은 시작되었다. 동시에 대학을 버리고 진정한 大學生의 첫 발을 내딛는 한 인간이 태어난다. 이제 내가 거부한 것들과의 다음 싸움을 앞에 두고 나는 말한다.

그래, "누가 더 강한지는 두고 볼 일이다."

2010년 3월 10일 김예슬

사라진 물음과 이상한 물음

3월에 눈이 내렸다. 밤을 꼬박 새운 아침, 고려대학교 교정으로 들어섰다. 내 심장의 떨림으로 꾹꾹 눌러 쓴 대자보를 담벽에 붙였다. 그리고 찬바람 부는 높고 큰 정문 앞에서 작은 피켓 하나를 들고 1인시위를 시작했다.

"오늘 저는 대학을 그만둡니다.
아니, 거부합니다!
진리도 우정도 정의도 사라진
죽은 대학이기에."
고려대학교 경영학과 3학년 김예슬

오가는 학생들과 교수들의 차가운 시선. 무관심한, 당혹스런, 외면하는 그 시선들. 추위에 온몸이 떨려오는 슬픔과 무력감. 이 교정에 마지막으로 서 있는 한 시간. 내가 강해서가 아니었다. 내가 약해서였다. 조용히 그만둘 수도 있겠지만, 너무나 약하고 못난 나였기에 그래야만 했다. 이렇게라도 하지 않으면, 고려대학생의 자격증을 스스로 던져버린 내가 비겁해질까봐, 언젠가 혹시라도 다시 받아달라고 이 문을 들어설까봐. 그리고 나는 작은 돌멩이 하나가 되어 조용히 외치고 싶었다. 이것은 나 하나의 문제가 아니기에. 누군가는 어딘가에서 다른 방식으로 작은 돌멩이의 외침을 멈추지 않고 있기에.

1인시위를 마치고 언 몸으로 교문을 걸어 나오면서 마지막으로 몸을 돌려 교정을 바라보았다. 한껏 멋을 내고 입학식장으로 걸어가던 꿈에 부푼 내 모습이 보인다. 읽고 싶은 책을 가득 빌려 안고 도서관 계단을 걸어 나오던 내 모습이, 영어 교재와 과제물을 들고 프리젠테이션장에서 휘청거리며 빠져 나오던 내 모습이 보인다. 슬프고 노여웠던, 그래도 정들었던, 나의 대학 시절아 잘 있거라. 눈물이 흘러내렸다. 홀로 차가운 허공을 걷는 듯 춥고 두렵고 고독했다. 하지만 이제 나는 다시는 돌아가지 않을 것이다. 나는 거대한 적들을 향해, 작은 돌멩이 속에 나를 담아 온 힘을 다해 던지며 한 발 한 발 걸어 나왔다.

생각지도 못했다. 이렇게 격렬한 반응일 줄은. 나의 조용한 대학거부 선언은 바로 다음 날부터 MBC 9시뉴스와 경향신문 1면, 여러 방송 및 칼럼을 통해 보도되었다. 각종 인터넷 포털의 메인에 떠올랐고 블로그와 트위터를 통해 빠르게 번져나갔다. 많은 대학생들과 네티즌들이 잠 못 이룬 채 자판을 두드리며 토론했다. 분노하다가도 냉소하다가도 슬퍼하다가도 오랫동안 참아왔던 울분과 수많은 말들을 쏟아냈다.

3월의 첫 수업시간에 대자보 전문을 함께 읽다가 끝내 울어버렸다는 선생님과 중학생들, 대자보 옆에 장미꽃 두 송이를 달아준 어떤 친구, 내 아이만은 명문대 가길 바랐다며 미안하다고 고백하는 많은 학부모님들, 대학에 내려진 사망선고를 지켜보며 부끄럽고 미안하다는 교수님, 그만둘 용기는 없지만 마음으로 대학 보이콧을 하겠다고 지지하는 학생들, 이 거대한 시스템을 오늘 하루만이라도 거부하고 싶다고 토로하는 직장인들부터, 나이 서른이 되어서도 꿈을 찾지 못해 슬프다는 사람, 대학원 진학을 고민하다 대자보를 읽고 학교가 아닌 새 길로 나서기를 결심한 사람, 지하철에서 신문을 읽다가 창피한 것도 잊은 채 눈물을 흘렸다는 사람, 우리의 숨은 진실을 명확한 언어로 알게 되었다며 고맙다는 사람, 질문하기를 포기하고 이미 적응하기로 결론 내린 자신을 불편하게 만들었다는 사람, 이제 대학, 교육, 청년실업 이야기만 나와도 본능적으로 이 글이 떠오른다는 사람들까지.

한 장의 대자보와 한 사람의 행동이 수백만 개의 돌멩이의 외침이 되어 거대한 분리장벽을 향해 날아다니고 있었다. 속울음처럼 참아와야만 했던 무한경쟁의 현실, 우리 시대 누구도 자유로울 수 없는 대학 문제, 사회 양극화의 뇌관인 교육 문제이기에 그랬을까. 그것만이 아닐 것이다. 이것은 세계화 시대 우리 삶과 인간성의 근원적 문제이기 때문일 것이다.

무수한 질문이 쏟아졌다. 왜 대학을 그만두는 거냐고,

진짜 이유가 뭐냐고. 수많은 언론의 인터뷰가 몰려왔다. 이상했다. 대학을 가겠다고 했을 때 "왜?"라고 물은 사람은 없었다. 언제부턴가 사라진 물음, "왜 대학을 가는가?" 그리고 이상한 물음, "왜 대학을 그만두는가?" 나는 세 장의 대자보에 다 담을 수 없었던 이 '사라진 물음'과 '이상한 물음'에 대해 이야기를 하고자 한다. 또한 내가 끝내 놓을 수 없었던, 나 스스로에게 던져 왔던 삶의 수많은 물음들에 대한 나름의 대답을 조심스럽게 꺼내놓고자 한다. 나의 글은 우리 모두의 이야기를 받아 쓴 것이기에, 문제의 뿌리를 찾아가는 것도 답을 찾아가는 것도 우리 모두의 것이 되기를 바란다.

글을 시작하기에 앞서 대학 문을 밟지 않으면 온갖 차별을 감내해야만 하는 '대졸 주류 사회'의 이 땅에서, 대학을 가지 못한 많은 분들께 진심으로 머리 숙여 사죄의 마음을 전한다. 지금 이 시간, 농촌에서 공장에서 알바와 노동현장에서 고되게 일하는 분들이 계시기에 나는 어떤 상처에도 힘들다고 주저앉을 수도 절망할 수도 없을 것이다. 그분들을 생각하며, 그리고 하늘이 무너지는 듯한 충격으로 슬퍼하고 있을 우리 어머니, 아버지, 가족들을 내 삶의 거울로 비춰보며 살아갈 것이다.

나는 알고 있다. 이 대학거부 선언은 내가 거부한 것들과의 기나긴 싸움의 시작일 뿐임을. 나는 꼭 해내야 하고 나 자신과의 약속을 지켜내야 함을. 그리고 또한 알고 있다. 내가 변화시킬 수 있는 유일한 것은 나 자신뿐이라는 것을. 그 싸움은 말도 주장도 아닌 내가 살아낸 만큼의 삶으로만 가능하다는 것을. 그리하여 나는 생각한 대로 말하고, 말한 대로 행동하고, 행동한 대로 살아갈 것을 다짐하고 있다. 수많은 고뇌와 눈물 어린 시간 속에서 결단한 나의 첫걸음을, 새로운 사람의 길 하나 만들어 내겠다는 나의 떨리는 걸음을, 나는 결코 멈추지 않을 것이다.

차례

〈김예슬 대학거부 선언〉 대자보 전문 오늘 나는 대학을 그만둔다, 아니 거부한다!
글을 시작하며 사라진 물음과 이상한 물음

살아있다는 것은 저항한다는 것이다

| 나의 이야기

이제 나의 이야기를 시작하겠다. 이것은 나의 이야기이지만 나만의 이야기는
아닐 것이다. 나는 25년 동안 경주마처럼 길고 긴 트랙을 질주해왔다.
우수한 경주마로, 함께 트랙을 질주하는 무수한 친구들을 제치고 넘어뜨린
것을 기뻐하면서. 나를 앞질러 달려가는 친구들 때문에 불안해 하면서.
그렇게 소위 '명문대 입학'이라는 첫 관문을 통과했다. 그런데 이상하다.
더 거세게 나를 채찍질해봐도 다리 힘이 빠지고 심장이 뛰지 않는다.
지금 나는 멈춰 서서 이 경주 트랙을 바라보고 있다. 저 끝에는 무엇이 있을까?
'취업'이라는 두 번째 관문을 통과시켜 줄 자격증 꾸러미가 보인다. 너의
자격증 앞에 나의 자격증이 우월하고 또 다른 너의 자격증 앞에 나의 자격증이
무력하고, 그리하여 새로운 자격증을 향한 경쟁 질주가 다시 시작될 것이다.
이제서야 나는 알아차렸다. 내가 달리고 있는 곳이 끝이 없는 트랙임을.
앞서 간다 해도 영원히 초원으로는 도달할 수 없는 트랙임을.

저는
김예슬입니다

대학에 들어오기까지 나의 20년 인생을 정리하는 것은 생각보다 간단했다. 초등학교 때는 좋은 성적으로 중학교에 들어가기 위해 애썼다. 중학교 때는 아직 평준화가 되기 전 명문고에 진입하기 위해 시험과 시험의 허들을 넘었다. 그렇게 들어간 명문고에서 다시 명문대의 좁은 문을 통과하기 위해 내달려 왔다. 아니, 실은 초등학교 때부터 혹은 그 이전부터 좋은 대학에 가기 위해 살아 왔는지도 모른다. 유치원에 다니기 시작한 5살부터 20살까지 15년, 정확히 131,400시간. 그 인생의 대부분을 학교 담장과 학원 밀실에 갇혀 억지로 의자에 앉혀진 채 '세계 최장의 학습노동'을 성실히 수행해왔다.

이상할 건 없었다. 다들 그렇게 살았으니까. 왜 친구들과

전부 똑같은 것을 위해 경쟁해야 하는지, 왜 수많은 아이들이 패배자가 되어야 하는지, 왜 이 고통을 감수하며 살아야 하는지 물을 수 없었다. 이미 주어진 하나의 정답 앞에 물음은 의미가 없었다. 대학. 인생을 결판 짓는 대학. 남들 다 가니까, 대학 안 나오면 인간 취급도 못 받으니까, 그것 말고는 다른 건 생각해 보지도 않았으니까, 대학을 향해 달렸다.

"대학을 나오지 않으면…" 그 뒤에 따라붙는 너무나 많은 실패한 인생들의 사례로 두려움을 학습하면서. "대학만 들어가면…" 지금까지의 인생이 다 보상되고 앞으로 남은 인생이 다 보장되리라는 주문을 외우면서. 자나 깨나 나를 부르는 자유의 문, 꿈의 대학 문을 향해 20년을 바쳤다.

그렇게 나는 소위 명문대에 입학하게 되었다. 햇살 환한 봄날, 드디어 나는 대학생이 되었다. 고려대학교 정문을 들어서며 커다란 바위에 새겨진 '자유·정의·진리', 이 세 단어에 얼마나 가슴이 뛰던지. 지금까지 대학 하나를 위해 유보했던 수많은 물음을 품고, 캠퍼스의 낭만을 꿈꾸며, 진리 탐구의 시간을 꿈꾸며, 정의로운 젊음을 꿈꾸며, 스무 살의 첫 발을 내디뎠다. 그런 걸 기대했냐는 냉소는 정중히 사양하겠다. 20년 인생을 다 바친 결과로 최소한 그 정도는 꿈꾸어야 했기에.

하지만 그 꿈이 깨지는 데는 그리 긴 시간이 걸리지 않았다. 첫 수업에서 어느 교수님이 충고했다. "여기 모두 1등만 하던 학생들이 모여있다. 모두 지금까지처럼 1등이 될 수는 없다는 말이다. 명문대 이름만 믿다가 요즘 같은 세상에 취업은 어림도 없어." 어느 선배는 충고했다. "지금부터 준비해도 늦어. 나처럼 후회하지 말고 학점관리 잘 해라." 그리고 종종, 하나 둘 캠퍼스에서 모습을 감추었던 선배들의 '삶의 성적표'가 공개됐다. "걔 연봉 얼마짜리라더라."

나라고 별 수 있냐고, 인생이 다 그런 거라고, 꿀리지 않게 취직만 하고 보자고 또다시 주문을 외웠다. 쉽게 더 좋은 학점을 받을 수 있는 수업을 찾아 들으며 프로젝트에 매달렸다. 피곤하게 논쟁할 일이 생기면 옳고 그름을 따지지 말고 우린 그냥 생각이 다를 뿐이라고, 좋은 게 좋은 거라고, 서로를 침범하지 않으며 적당한 거리두기로 착하고 매너있게 관계를 유지하면 됐다. 대학생이 된 내가 누릴 수 있었던 그나마의 자유는, 그저 20년 동안 공부로 쌓인 것을 다 풀어내겠다는 듯 어른들의 밤거리를 닮은 대학 밤거리에서 술에 취해 비틀거리는 것. 어느 순간 학교 안에 쳐들어온 스타벅스 건물에서 한 손에는 커피를 들고 한 손에는 영어 교재를 들고 오가는 것뿐.

그런데 정말 억울했다. 스펙에 매달리자니 젊음이 서럽고, 다른 걸 하자니 뒤처질까 불안하고, 또다시 반복되는 행복하지 않은 이 나날들이. 삶을 다 짜내며 여기까지 달려왔는데 쉴 새 없이 달려왔는데, 그런데 또다시 왜? 라는 물음은 설 자리가 없었다. 아차, 한눈파는 순간 저만큼 밀린다는 불안감이 생각할 틈도 여유도 주지 않았다. 그저 잠깐 동안 가만히 멈춰서는 것도 용기가 필요했다. 그 두려움이 다시 똑같은 굴레 속으로 나 스스로를 밀어 넣었다. 그렇게 스무 살이 흘러가고 있었다.

애써 참아내며 평범한 대학생의 일상을 살아가고 있던 나는 세 번의 사건을 마주하면서 자유와 정의와 진리의 "대학은 죽었다!"고 스스로 선언하지 않을 수 없었다. 그와 동시에 꾹꾹 눌러오기만 했던 내 삶에 대한 물음들이 터져 나왔다.

고려대학교에서
세 번 울다

2005년 '고려대 삼성사태'가 터졌다. 고려대 100주년 기념관을 짓는데 삼성 이건희 회장이 400억 원을 기부하여 고려대 명예철학박사 학위를 받으러 왔고, 학생들의 반대 시위에 부딪힌 사건이었다. 나는 시위를 주도했다고 출교 당한 학생들을 심정으로 지지했지만 그런 '피곤한 얘기'는 꺼내 놓고 할 수 없었다. 부정비리로 얼룩진 삼성 회장 일가의 돈이라도 좋은 건물 하나 세워졌으면 된 거였다. 문득 "천재 한 명이 10만 명을 먹여 살린다"는 이건희 회장의 말이 떠올랐다. 천재 500명만 있으면 대한민국 누구나 대대로 잘살고 행복해진다니, 천재 아닌 사람들은 뭐하나? 천재들 발목이나 잡지 말고 그들이 벌어다 주는 것 받아먹고 천재를 모시며 살아가면 되나? 내가 그 천재가 되면 그만인가? 삶이 그런 건가? 이 사회가 그런 건가?

2006년 '글로벌 고대'라는 말이 자랑스러운 상징처럼 사용되던 즈음, 한 전쟁이 터졌다. 이스라엘과 미국이 중동 패권 확보와 석유 자원 확보를 위해 레바논을 침공한 것이다. 내 주위에 그 전쟁에 관심 갖는 사람은 거의 없었다. 석유 한 방울 나지 않는 나라에서 내가 입고 쓰는 이 모든 것을 그들의 땅에서 뽑아오기 위해, 강대국의 불의한 전쟁에 침묵하는 '글로벌 코리아'에 살고 있는 나는 누구인가? 성공해서 좋은 일을 하겠다고 그 위치까지 올라가는 동안 내 발밑을 받쳐주며 선생으로 죽어가는 이들에게 계속 죄를 지어도 되는 건가? 성공해서 한 방에 자선 기부로 던져주면 그만인가? 내가 그 글로벌 리더가 되면 그만인가?

2008년 이명박 대통령이 취임 후 첫 외국 방문지로 택한 뉴욕에서 한 말을 나는 '이명박 라운지'에 앉아 신문으로 읽고 있었다. "나는 '주식회사 대한민국'의 CEO이다." 한 나라의 대통령이 한 기업의 CEO로 자처한 나라에서, 한 순간에 나와 우리 국민들은 주식회사 대한민국의 종업원으로 전락하고 말았다. 나는 종업원이 아닌 대주주가 되면 그만인가? 하다못해 소액주주라도 되면 그만인가? 그런데 나는 왜 이곳에 앉아 있는 것인가? 나는 벌떡 일어나 그 자리를 뛰쳐나왔다. 눈물이 흘러 내렸다.

그렇게 나는 고려대학교에서 세 번 울었다. 무력하고 괴로웠다. 살이 마르기 시작했다. 이 현실 속에서 나는 점점 나 자신과 불화하기 시작했다.

지금이 아니면
안 된다

'진리'는 학점에 팔아 넘겼다. '자유'는 두려움에 팔아 넘겼다. '정의'는 이익에 팔아 넘겼다. 나를 가슴 벅차게 했던 그 세 단어를 나 스스로 팔아 넘기면서, 그것들이 모두 침묵 속에 팔아 넘겨지는 것을 지켜보고 있었다. 고려대학교는 '삼성'과 '글로벌'과 '이명박 대통령'의 상징이 되었다. 그러나 이건 고려대학교만의 문제가 아니었다. 대학大學 없는 대학. 순수한 영혼과 진리와 자유와 비판과 정의와 저항의 대학이 소리 없이 무너지고 있었다. 진리 탐구의 전당과 대학 문화라는 벽이 무너지면서, 세상 모든 대학이 자본과 시장의 탐욕에 활짝 열려 버렸다. '열린 대학'은 그들에게 자신을 열어주고 팔리는 것이었다.

나는 힘없는 개인이 아닌가? 나 하나 지키기도 어려운

이 불안의 시대에, 도덕적으로 무감각해지고 개인으로 남고자 하는 일이 이상할 것이 있는가? 옳고 그름보다 이익과 불이익을 먼저 따지는 것이 이상할 것이 있는가? 한 눈 감고 한 귀를 막고 입은 반쯤 닫고 살아가면, 아무리 딴 생각 좀 했어도 남부러워하는 안정된 직장에 취업했을지도 모른다. 그 많은 고시 중에 하나는 붙었을지도 모른다.

그런데 이건 '대학생 김예슬'의 문제가 아니었다. '인간 김예슬'의 문제였다. 일단 멈춰야 했다. 내가 지금 이 때를 놓치고 만다면, 여기서 다시 멈춰서지 못한다면, 나는 태어날 때부터 좋은 대학에 가기 위해 살았던 것처럼 대학 내내 좋은 직장에 들어가기 위해 살아갈 것이다. 그리고 직장인이 되어서는 좋은 직장에서 쫓겨나지 않기 위해 열심히 살아갈 것이고, 내 아이는 그렇게 살지 않길 바라지만 또 그렇게 살아가게 될 것만 같았다. 나는 점점 숨이 죽어가고 있었다. 묻고 또 물으며 죽고 싶을 만큼 고뇌했다. 그것은 내 인생을 건 물음이었기에.

大學. 대학은 크게 배우는 때이다. 큰 배움은 그냥 주어지지 않는다. 큰 배움은 곧 큰 물음일 것이다. 나는 누구인가, 나는 왜 사는가, 어떻게 살 것인가, 정해진 몇 개의 직업 내에서 고르는 꿈도 아닌 꿈 말고, 진정 나의 꿈은 무엇인가. 지금이 아니면 언제 이 물음을 물을 수 있을까. 돌아보면 오직 대학 시절만큼은 이 물음을 해결하라고 특권처럼 주어졌던 때가 있지 않았던가. 이 큰 물음이 사라진 대학은, 대학 4년만이 아니라 우리 인생 전체를 집어삼키고 있는 것이 아닌가. 어디서부터 잘못된 것일까? 정말, 왜 이렇게 된 것일까? 나는 끝없는 자문자답을 하고 있었다.

II 나의 적들의 이야기

이제 나의 적들의 이야기를 시작하겠다. 이 또한 나의 적이지만 나만의 적은
아닐 것이다. 이름만 남은 '자격증 장사 브로커'가 된 대학, 그것이 이 시대
대학의 진실임을 마주하고 있다. 대학은 글로벌 자본과 대기업에 가장
효율적으로 '부품'을 공급하는 하청업체가 되어 내 이마에 바코드를 새긴다.
국가는 다시 대학의 하청업체가 되어, 의무교육이라는 이름으로 12년간
규격화된 인간제품을 만들어 올려 보낸다. 기업은 더 비싼 가격표를 가진
자만이 피라미드 위쪽에 접근할 수 있도록 온갖 새로운 자격증을 요구한다.
이 변화 빠른 시대에 10년을 채 써먹을 수 없어 낡아 버려지는 우리들은 또
대학원에, 유학에, 전문과정에 돌입한다. 고비용 저수익의 악순환은 영영
끝나지 않는다. '세계를 무대로 너의 능력만큼 자유하리라'는 세계화, 민주화,
개인화의 넘치는 자유의 시대는 곧 자격증의 시대가 되어버렸다. 졸업장도
없는 인생이 무엇을 할 수 있는가? 자격증도 없는 인생이 무엇을 할 수 있는가?
학습된 두려움과 불안은 다시 우리를 그 앞에 무릎 꿇린다.
큰 배움도 큰 물음도 없는 '대학大學' 없는 대학에서, 나는 누구인지, 왜
사는지, 무엇이 진리인지 물을 수 없었다. 우정도 낭만도 사제간의 믿음도 찾을
수 없었다. 가장 순수한 시절 불의에 대한 저항도 꿈꿀 수 없었다.
아니, 이런 건 잊은 지 오래여도 좋다. 그런데 이 모두를 포기하고 바쳐 돌아온
결과는 정녕 무엇이었는가. 우리들 20대는 끝없는 투자 대비 수익이 나오지
않는 '적자 세대'가 되어 부모 앞에 죄송하다. 젊은 놈이 제 손으로 자기 밥을
벌지 못해 무력하다. 스무 살이 되어서도 내가 뭘 하고 싶은지 모르고 꿈을
찾는 게 꿈이어서 억울하다. 이대로 언제까지 쫓아가야 하는지 불안하기만한
우리 젊음이 서글프다.

길어진 대학
짧아진 젊음

지금까지 나는 '고려대학생 김예슬'이었다. 이제 나는 무엇으로 나를 표현해야 하나, 무엇으로 내 존재를 증명해 보여야 하나. 졸업장 하나 자격증 하나 없이 나를 표현할 길이 없는 세상인데…. 사람들은 그걸 알기에 내가 대학을 거부하기로 결심한 마지막 순간까지 "최후의 안전망은 가지고 있어라", "대학만은 졸업해라", "그것이 네 뜻을 지켜줄 것이다"라고 붙잡았다.

그런데 이 스펙이라는 세계에 최후의 안전망이란 없다. 입시 전쟁을 치르고 나니 등록금 전쟁이 기다리고, 다시 취업 전쟁이 시작된다. 대학을 졸업한 줄 알았던 친구가 아직도 대학생이다. 흔히 '엄친아'라고 불리던 잘나가던 친구였다. 그 친구는 오랜만에 만난 나에게 스펙을 늘리느라 배운

마술을 선보인다. 휴학, 영어연수, 군대, 다시 휴학, 취업고시에 지치고 초조한 얼굴로. 흔한 풍경이다. 이제 대학은 점점 길어지고 젊음은 점점 짧아진다.

지금 대학에서는 좋은 학점을 받기 위한 소리 없는 전쟁이 진행되고 있다. 시험 기간에는 좋은 자리를 잡기 위해 도서관 열람실 쟁탈전이 진행된다. 쉴 새 없이 솟아나는 새 건물들이 무색할 정도로. 점점 늘어나는 영어 강의는 얼마나 학문을 이해했는가보다 얼마나 알아들었는가를 확인하는 자리다. 우리말로 10분이면 될 이야기를 영어로 100분씩 버벅거린다. 토익과 토플은 수능과 일제고사에 필적하는 국민 공통 고시가 되어버렸다. 당연한 듯 다들 각종 영어학원에 등록한다. 영어학원 광고, 인재채용 광고가 교정을 뒤덮은 지 이미 오래다. 실상 매일 매일이 시험 기간이다. 밤새 꺼질 줄 모르는 도서관의 불빛 아래 친구들은 공무원 고시 문제집을 바쁘게 넘기며, 노트북을 통해 흘러나오는 동영상 강의에 충혈된 눈을 박고 있다. 취업을 위해 학점 성형, 얼굴 성형은 기본이다. 봉사활동 경력은 수많은 괴상한 나이팅게일과 슈바이처들을 만들어 내고, 프로젝트와 연구 경력은 넘치는 리더와 전문가들을 만들어 낸다. 1년 휴학을 하고 돈을 벌어서 다음 해에 다시 학교를 다니는 일명 '징검다리 대학생'들이 징검다리의 줄을 잇는다. 자격증, 대학 졸업장, 포트폴리오, 토익점수, 어학연수, 유학, 인턴, 자원봉사, 프로젝트, 소설보다 쓰기 어렵다는 자기소개서… '스펙'은 우리 시대 젊음의 키워드가 되었다. 바코드처럼 우리 이마에 붙어 있어 그것들을 스캔해서 읽히는 그 '스펙'이 곧 나이기에.

이 속에서 괴로운 건 비단 학생들뿐일까? 우리 시대 교육과 대학 문제로 고통 받지 않는 사람이 있을까? 그렇지만은 않다고 주저없이 말할 수 있는 사람이 과연 몇이나 있을까? 그런데 그렇게 수많은 아이들과 부모님과 선생님들이 온 삶을 바쳐서 이뤄낸 '대학 가는 꿈'의 결과는 '무직, 무지, 무능' 3無가 아닌가!

무직無職. 졸업 첫 발부터 실업이다. 한국의 모든 부모와 아이들은 대학을 가장 유리한 투자처로 보고 올인했지만, 지금 세대는 투입 대비 수익이 안 나오는 역사상 최초의 '적자 세대'가 되었다. 우리 젊은이들은 단군 이래 가장 똑똑한 실업 세대가 되어 제 밥벌이 하나 하지 못하는 비싼 골칫거리가 되었다. 초·중·고등학교부터 대학 4년까지 졸업하는 비용은 평균적으로 계산해도 약 1억 원이 나온다. 취직을 한다해도 필수 생존 투입비용을 제하고 십수 년 내에 1억 원을 뽑아낼 수 있는 사람이 얼마나 될까? 자녀교육도 투자가 되어버린 시대, 자녀에 대한 투자는 이제 자선이 되어버렸다. 대학은 투입한 교육비도 뽑아내지 못하는 값비싼 실업자 양성소가 되었다.

무지無知. 배울수록 무지를 학습한다. 이제 대학 7-8학년은 보통이다. 이 변화 빠른 시대에 10년도 채 써먹을 수 없어 낡아 버려지는 우리들은 또다시 대학원에, 전문과정에 돌입해야 한다. 이렇게 대한민국 국민은 한평생을 '학생의 일생'으로 산다. 지식이 경제성장의 동인이 된다는 지식경제 시대란다. 그러나 '돈 되는 지식'의 시대는 지식이 인간을 잡 아먹는 시대가 되었다. 내가 진정으로 뭘 좋아하는지, 뭘 하 고 싶은지, 내 꿈이 뭔지도 모른다. 이 사회가 어떻게 돌아가 고, 세계화가 누구의 손에 의해 돌아가고, 지금 우리가 어디 로 가고 있는지도 모른다. 웰빙타령은 하면서도 내가 먹고 쓰는 게 어디에서 길러지고 누가 만드는지도 모른다. 솔직 히 제대로 연애할 줄도 모르고 자기를 성찰할 줄도 모른다. 많이 배우면 배울수록 자신의 삶에 닥친 수많은 실제적인 문제에 우리는 얼마나 당혹하고 무지한가?

무능無能. 대학생이 되고서도 제 앞가림 하나 하지 못하 고 무능해져 버렸다. 우리는 "초대딩", 대학생이지만 초등학 생처럼 부모님 품에서 벗어나지 못하는 무능한 존재로 불 려진다. 그저 성적만 좋고 돈만 잘 벌고 영어만 좀 되면 모 든 것이 간편한 소비행위로 해결된다고 학습한다. 삶은 직 접 살고 스스로 해내는 것이 아닌가. 그런데 돈을 벌고 쓰 는 것 말고는 아무것도 하지 않아도 된다는 듯한 세상에 살 면서, 그것 외의 모든 것에 스스로 무능해져 버렸다. 머리만 과잉 발육되어 온전한 인간성과 건강한 몸의 감각과 감성과 사회성과 내면의 생기가 퇴화되어 버렸다. 자신이 마비되고 퇴화되는지 자각하지도 못한 채. 공부만 잘하면 모든 것이 용서되면서 자라난 잘 사는 명문대생일수록, 성공한 엘리트 일수록, 실제 삶과 사회현장에서는 무능한 사람이 되어가고 있지 않은가?

얼마 쓰지도 못할 부실한 이 3無의 빛나는 졸업장과 자 격증을 따기 위해서 우리는 인생의 가장 소중한 시간 대부 분을 쏟아붓는다. 그렇게 딴 후에도 본전치기하는 사람은 상위의 극히 적은 사람들뿐임을 다 알면서도 애써 외면해 온 것이 아닌가.

인간을 잡아먹는
시장

이 졸업장과 자격증은 도대체 누가 요구하는가? 왜 요구하는가? 이 사회는 마이크 앞에서는 많은 길이 있다고, 마음껏 개성을 발휘하라고, 누구에게나 노력하면 길이 열려 있다고, 기회는 평등하다고 말한다. 그런데 실제 결과는 어떤가? 모든 안정되고 좋은 일자리는 대기업과 명문 대학의 자격증 시스템으로 고착되어 있다.

본질적으로 사람을 돈 버는 도구로 볼 수밖에 없는 기업과 자본이, 한 인간을 단번에 평가할 수 있는 저비용 고효율의 유일 잣대를 필요로 하기 때문이다. 그 잣대란 어떤 학벌과 자격증을 갖고 있느냐이며, 대학은 그것을 제공하는 독점 사업체가 되어 버렸다. 속도가 경쟁력이고 돈인 사회에서, 회사원에 대해 전인적인 관심을 가질 이유도 여유도 없다. 오직 그가 갖고 있는 자격증에 따라 재래시장에 진열될지, 슈퍼마켓에 진열될지, 명품매장에 진열될지 인간 상품 진열대의 레벨이 달라지는 것이다.

기업사회는 적합한 가격표를 가진 사람만이 피라미드 꼭대기에 접근할 수 있도록 희소한 자격증을 따는 비용을 점차 높여 간다. 대학 졸업장뿐만 아니라 온갖 새롭게 생성되는 자격증을 요구한다. 삼성 회장님은 "마누라와 자식만 빼고 다 바꿔"라고 변화를 외친다. 그들이 유지하는 이 기득권 구조를 '아무것도 바뀌지 않게' 하려면 쉴 틈 없이 '모든 것을 바꿔야만' 한다는 것을 잘 알고 있기 때문이다.

비즈니스란 시장으로부터 선택 받기 위한 노력이다. 선택 받기 위해서는 내가 얼마나 그들 기준에 쓸모 있는 사람인지 스스로 증명하고 세일즈sales해야 한다. 인간성과 꿈과 자기다움이 살아 있어서는 기업의 이윤창출에 쓸모 있는 부품이 되지 않는다. 오히려 그런 사람들은 거추장스러운 존재일 뿐이다. 삼성과 대기업들은 창의적인 인재, 도전정신이 있는 인재, 도덕성이 있는 인재를 요구한다지만, 그것은 어디까지나 대형 수족관 속에 길들여진 돌고래의 톡톡 튀는 재주를 원할 뿐이다. 더 높은 연봉을 흔들어 보이며 잘한다, 최고다 칭찬하면 미친 듯 춤추고 재주부리다 진이 빠지는, 그러면 더 싱싱한 돌고래로 대체되는 그 과정을 되풀이해야만 하는 에버랜드의 돌고래. 그들이 인정하는, 그들이 필요로 하는, 그들이 쓸모 있다고 판단하는, 그것이 정말 인간인가? 그것이 나의 전부인가? 나는 겨우 이만큼인가? 나는 그렇게 돈벌이 브랜드와 연봉으로만 불리어도 되는 존재인가?

'나는 기업 회사원이 되기 위해 젊음을 바치는 것이 아니다'라며 국가 공무원 고시를 준비하는 친구들도 많이 본다. 사법고시, 행정고시, 외무고시, 임용고시, 경찰고시…. 고시는 왜 그렇게 많은지, 그렇게 많은 고시조차 부족할 정도로 지원자는 또 왜 그렇게 많은지…. 그런데 그것이 국가에 대한 사랑과 충정이거나 국민을 위해 이 한 몸 바치겠다는 것도 아니지 않은가? 갈수록 기업에 의한 취업 보장이 불투명해지자 선택하는 '신의 직장'이 아닌가? 국가야말로 일정한 봉급을 보장 받는 영원히 망하지 않는 기업 정도로 보고 있는 것이 맞지 않은가?

2학년 어느 날이었다. 경영학 강의 시간에 나도 모르게 작은 목소리로 물음이 터져 나왔다. "자본주의 사회이기 때문에 라는 말이 그렇게 쉽게 나오세요?" 내가 좋아하던 양심적인 교수였기 때문일 수도 있다. "그럼 넌 자본주의가 아니면 뭔데?" 강의가 끝나고 옆자리에 앉았던 복학생 선배가 물었다. 이 사회가 그런데, 그게 자본주의인데, 나만 어쩌라고, 너는 별 수 있냐고, 귀에 못이 박히도록 들었던 말이 들려온다. 나 역시 자본주의 말고 무슨 주의인지는 모른다. 나는 아직도 무슨 주의자는 못 된다. 하지만 나는 자본주의를 믿기보다 돌아가신 우리 할머니 말씀을 더 믿는다. "산 입에 거미줄 치지 않는다. 사람은 다 제 먹을 것은 갖고 태어난다. 건강하고 우애 있게 지내거라." 나는 인간이 아닌 자본이 주인이라는 말을, "자본주의이기 때문에"라는 말을, 슬픔도 분노도 없이 너무 쉽게 말하고 인정할 수는 없었다. 아무런 물음도 없이 내 인간성과 영혼과 꿈을 잡아 먹힐 수는 없었다. 아니 한 번뿐인 내 인생을, 소중한 내 청춘의 시기를, 그렇게 나를 팔기 위해 발버둥치며 죽어갈 수는 없었다.

이런 말을 하는 나에게, 너는 "반기업 정서"와 "반시장 정서"에 물들었다고 고함치는 소리가 들려온다. 그런 당신들은 "반인간 정서"와 "반사회 정서"가 너무 심하게 물든 것이 아닌가? 자연이 죽어가는 곳에 비즈니스는 존재할 수 없지 않은가. 사회 공동체가 해체되는 곳에 시장이 존재할 수 없지 않은가. 인간성이 무너지는 곳에 기업인들 살아남을 수 없지 않은가.

자격증 장사 브로커
대학

지난해 한 대학 총장은 "졸업생에 대한 사회, 기업의 반응을 끊임없이 살펴서 사회 각계각층의 만족도를 높이겠다. 대학의 1차적 고객은 학생이지만 2차적 고객은 학생이라는 제품을 받아들이는 사회 각계각층이다"라는 발언을 했다. 너무 솔직하고 용감한 말씀이어서 차마 그 대학과 총장 이름은 밝히지 않겠다. 학생은 제품이고 그 고객은 기업과 사회라고 대학이 공개 선언하고 나선 것이다. 이 발언에서 자유로운 대학 총장과 교수들이 있기나 할까? 단지 용감한가, 세련되었는가 정도의 차이가 있을 뿐. 차마 다 알고 있으면서 그래도 아직 스스로를 그렇게 인정하지 못하는 우리들에게, 대학 총장들은 대학생을 기업에 제공할 '제품'으로 이름 붙였다.

대학大學이라는 이름만 남은 '자격증 장사 브로커'가 된 대학, 그것이 이 시대 대학의 진실이다. 대학은 기업의 '채용 일제고사'를 대신해 등급을 매기고 분류하는 시스템으로 복무하고 있다. 학생들끼리 무한경쟁을 시키고, 살아남은 자를 적당한 값에 기업에 넘기면서 말이다. 이것은 새로운 신분제다!

졸업장과 자격증은 한 인간에게 사라지지 않는 가격표를 남긴다. 취업 응시 기회도, 우정도, 미래도, 결혼마저도 대학 졸업장과 자격증에 따라 '등급'이 주어지기에. 그에 따라 인간성의 우열과 인생이 규정되기에. 일생을 결정짓는 특권을 따느냐 마느냐의 이 게임에 모두 올인할 수밖에 없는 것이다. 그렇기에 오늘도 모두가 대학 문을 향해 달려간다. 더 좁은 문을 향해 달려간다. 더 높은 대학 졸업장, 더 많은 새로운 자격증으로 무장해야 한다. 그럴수록 더 큰 좌절감과 더 큰 불안감으로 애늙은이가 되어간다.

그런데, 그 결과는 무엇인가? 2009년 대한민국 고졸자의 대학 진학률은 81.9%, OECD 국가 중 최고의 대학 진학률이다. 이제 대학 졸업장은 흔히 가진 게 되었다. 대졸자 중 정규직 취업률은 반토막도 안 된다. 나머지는 청년 실업자나 비정규직이나 알바 인생이다. 한 나라의 미래희망이자 눈동자라는 새파란 청년들이 그 많은 인생과 그 많은 돈을 들여 힘들게 대학을 졸업하고도 사회 첫 발부터 절반이 제 손으로 제 밥도 못 번다. 대학 졸업장 자체는 깡통 계좌임이 드러났다. 너도 나도 뛰어들다 깡통이 된 주식 펀드 투자처럼. 그래서 이제 얼마나 더 어린 나이에 그것을 땄는가, 얼마나 더 빨리 그것 하나에 모든 것을 걸고 따냈는가가 판매 조건으로 덧붙여진다. 4학년을 채 마치기도 전에 취직이 안 되면 더는 팔려갈 수 없다는 불안감으로 어디라도 붙고 본다. 막상 붙고 나면 그 직장에 오래 있지도 않는다. 이직 행렬이 줄을 잇는다. 취업마저도 더 좋은 이직 기회를 향해 곁눈질하면서 보낸다. 그렇게 시간에 쫓겨 꿈도 팔아 넘기며 허둥거리다 보면 시간은 더 빠르게 우리 젊음을 집어삼킨다.

생각해보자. 정말 자존심 상하지만, 이건희 회장과 이명박 대통령의 '모국어'대로 대학을 하나의 '기업'이고 대학생을 '제품'이라 생각해보자. 삼성전자 휴대폰을 구입하자마자 절반이 불통이고 쓸 수 없다면 어찌할 것인가? 현대자동차를 사자마자 절반이 급발진이고 주행 중에 연소장치가 나가버린다면 어찌할 것인가? 그런데도 리콜 조치도 손해배상도 안 해주고 사용자 탓만 한다면? 마땅히 그 기업은 망하거나 소비자 소송과 폭동사태에 직면하는 것이 당신들의 상식 아닌가?

탐욕사회의 작은 축소판이 되어 맹렬하게 이익을 추구하는 집단이 된 대학. 거대 규모로 몸집은 커지고 돈이 있어야 교육도 연구도 최신식 건물도 가능하기에 국가와 시장 앞에 비굴해진 대학. 진리의 입은 닫고 자본을 향해 입을 쩍 벌린 공룡이 되어, 살아남기 위해 돈이 되는 학생들을 입 속으로 집어삼키고 있는 대학. 학생들의 눈치는 보지도 않는 대학. 취직에 도움이 되지 않는 과목이라고 평가되어 자기 일자리가 사라지는 것만을 두려워하는 교수와 대학. 대학은 이제부터 차라리 진리의 전당이기를 당당하게 포기 선언하고 취업고시 학원이라고 천명해야 하지 않은가. 그리고 취직도 안 된 청년들을 리콜하든지 손해배상하든지 해야 하지 않은가. 민주화가 되고 21세기가 되고 세계화가 되었다면서 일자리 하나 주지 못하는 대학은 간판을 내려야 하는 게 최소한의 도리가 아닌가.

나의 대학거부 선언에 일부 대학생과 교수들과 학부모들께서 "왜 자퇴하냐, 대학이 그런 걸 너만 몰랐냐, 이 사회가 그런 걸 너만 몰랐냐?"고 비난해 왔다. 그분들은 이 현실이 더러워도, 리콜이고 손해배상이고 요구할 시간과 노력을 차라리 자기경쟁력 강화에 쏟아부으면 그래도 나는 들인 돈 이상으로 뽑아낼 수 있다고, 나와 내 자식은 그러면 된다고, 멈출 틈도 없이 달려간다. 충분히 이해한다. 하지만 이런 사람들이 많을수록 대학은 안도의 미소를 지으며 부실경영을 계속하며 불량제품을 쏟아낼 것이다. '자격증 장사 브로커'인 대학의 실체를 알면서도 그것을 인정하는 '똑똑한 불량품'들의 존재가 죽은 대학을 정당화하는 유일한 근거일 것이다.

배움을 독점한
국가

그가 쓰는 어휘를 보면 그의 존재를 알 수 있다. 한 사회의 말을 보면 그 사회의 실체를 알 수 있다. 우리 시대 가장 끔찍한 말의 타락 중의 하나가 '교육인적자원부'이다. 대한민국이 대학과 학교의 존재 이유로 내건 것이 '교육인적자원'이다. 교육이 인적자원을 만들어 내는 것인가? 그것이 한 나라 교육의 최대 목적인가? 이 교육인적자원부란 이름 아래 초·중·고등학교는 초롱한 눈망울의 아이들을 12년 동안 강제수용하고 획일적으로 가공시킨다. 학교는 기업의 부품이 되는 인간자원을 대학에 조달하는 최대 규모의 독점 하청업체가 된 것이다.

취업과 국가 경쟁력이 중요하다지만 그것이 교육의 제1 목적은 아니다. 자연이 오직 자원인가. 저 강물이 생수 공장과 공업용수 자원일 뿐인가. 저 갯벌이 매립골프장 조성용 자원일 뿐인가. 저 산이 펄프용 목재 생산의 자원일 뿐인가. 여성이 성욕 충족과 아이 생산의 자원일 뿐인가. 시와 예술이 창조경영 아이디어의 자원일 뿐인가. 인간은 자원이 아니다! 나는 자원이 아니다!

자원이 아닌 나는, 꿈과 영혼을 가진 존재인 인간인 나는, 국가가 '의무교육'이라는 이름으로 저지르는 두 가지 만행에 대해 분노하지 않을 수 없다. 첫째, 배움에 대한 권한을 학교가 독점해 버린 것이다. 삶의 현장에서 서로를 통해 배우고 가르치는 만인의 권리는 자격증을 가진 교사에게만 점유되었다. 학교와 교사는 모두에게 똑같은 교육을 주입시키고 대학 입시라는 똑같은 잣대로 평가한다. 학생 모두를 시작부터 하나의 경쟁만을 위한 하나의 트랙에 밀어 넣는다.

우리는 왜 누군가 짜놓은 틀에 의무적으로, 강제로, 획일적으로 배워야 하는가? 왜 정해진 때에, 정해진 곳에서, 정해진 방식으로, 정해진 리듬으로, 정해진 텍스트로 배워야 하는가? 왜 젊음을 희생시키고 건강을 파괴하면서 재미도 열정도 없이 성적경쟁의 두려움에 사로잡혀 억지로 배워야 하는가? 이러한 '인적자원화'는, 한 인간이 얼마나 자신의 인간성과 고유한 개성과 창조성을 짓누르고 회사인간에 편입되는 과정을 모범적으로 밟아왔는지를 증명하는 것뿐이지 않은가? 그 결과로 우리 손에 쥐어지는 것은 한 장의 졸업장, 아니 다음 트랙 경쟁의 지원 자격증뿐이지 않은가?

둘째, 공평한 기회를 제공한다는 의무교육이 실상 소수에게만 특권을 보장하고 있는 것이다. 부실한 먹이로 가둬 기른 말과 잘 먹이고 특수 조련된 말을 하나의 트랙 출발선에 세워 놓고 '기회의 평등'이라고 경주 결과를 받아들이라고 강제하는 게 평등인가? 왜 국가가 강제로 하나의 경주 트랙을 달리게 하고 어린 말들의 이마에 등급 낙인을 찍는가? 이 의무교육 체제는 인간다움의 평등을 높이기는커녕 남보다 더 빨리 시작하거나, 남보다 부모의 자산이 더 많은 사람이 유리한 결과를 얻게 만들고 있다. 그 사람이 받은 교육 비용으로 그 사람의 노동력에 가격표를 붙이는 것이 정당하다고 말할 수 있을까? '능력사회'라는 구호는 엄연한 사회불평등을 합리화하는 구실일 뿐 아닌가. 이젠 1%의 특권층이 조기유학으로 시작해 그들의 부를 합법적으로 세습하고, 지식과 문화와 삶의 방식을 도덕적으로 정당화하면서 살 수 있는 사회가 능력사회의 실체일 것이다.

그런데도 가난한 사람들 스스로조차 이 게임이 정당하다고 인정하는 모순된 현실이 나는 견딜 수 없이 슬프다. 그들이 '학교 교육의 주술'을 받아들이게 되면, 자신들은 학교를 잘 다니지 못해 가난하게 되었다고 믿게 된다. 자신보다 더 충실히, 더 많은 돈을 들여, 더 높은 학교에서, 더 많이 교육받은 이들이 더 많은 특권을 가질 만하다고 받아들이는 것이다. 이 체제가 찍어낸 '계급적 낙인'을 스스로 '내면화'하게 되는 것이다. 그런데 이 낙오자들은 획일적이고 강제 의무적인 학교가 없었다면 생겨나지도 않았을 것이다.

아이들과 학부모는 이러한 현실을 알면서도, 아니 너무 잘 알기에 더 희소한 교육상품에 끊임없이 돈을 쏟아붓지 않을 수 없는 것이다. 학교가 존재하고, 자격증이 존재하는 한 사교육비를 줄인다는 게 얼마나 모순적인가? 설령 평준화와 무상교육을 실시한다 해도, 국가가 의무로 강제하는 '학교', 자본과 기업이 요구하는 인적자원의 '자격증 제도'가 살아있는 한, '삶의 배움'과 '배움의 자유'가 가능할까?

한 아이에게 수학을 가르치기 위해 부모가 얼마나 많은 돈을 벌어야만 하는지, 한 아이에게 영어를 가르치기 위해 또 얼마나 많은 굴욕을 감수해야 하는지 모르는 사람이 있을까? 그 한 아이가 왜 나인지, 왜 이런 나는 이리도 많은지, 나는 그들에게 묻고 싶다. 날 때부터 온전한 인간이었던 내가 왜 초등, 중등, 고등으로 분류되어야 하는지 묻고 싶다. 12년 동안 학교 교실에 가둬져 왜 대부분의 시간을 잃어버려야 하는지, 그게 왜 의무가 되어야 하는지 나는 묻고 싶다. 하나뿐인 경주 트랙이 아닌 수많은 길이 난 야생의 초원에서 자유롭게 뛰어놀며 스스로 배워가는 것이 왜 꿈일 뿐이어야 하는지 나는 정말 묻고 싶다.

학습중독
소비중독

내 인생의 1/4을 빨아들여온 대학·국가·시장이라는 억압의 3각동맹은 나머지 내 인생의 3/4까지 좌우하고 있다. 이 셋이 한 몸이 되어 만들어낸 하나의 환상으로. 그건 '배움'을 오직 '가르침을 받은 결과'라고 믿게 하는 것이다. 학교 교육은 우리가 가르침을 받아야만 알게 된다고 믿게 하면서 스스로 해내서 배우는 것은 불가능하게 만들었다. 대학과 시장은 우리를 값비싼 '지식상품'의 고객으로 만들었다. 이에 질세라 다른 기관들도 각자 자신들의 교육적 사명을 발견하고 개척해 나가고 있다. 신문·TV·인터넷은 자신들이 가진 영향력으로 평생학습 시대를 전파하며 광범위하게 지식을 판매하고 있다. 그 결과 우리는 점차 체계화되고 인위적인 교육 프로그램과 커리큘럼에 의존하게 되었다. 클릭 한

번이면 검색 가능한 정보더미와 단편지식들이 오히려 잠재력을 일깨우는데 장애물이 되고 있다. 스스로 무언가 알아내고 배우는 기회와 만남은 잃어버렸다. TV나 컴퓨터에서 접하는 가상의 것으로 직접 해내는 기쁨을 대리만족시킨다.

그리하여 내 몸으로 하지 않은 것조차 내가 안다고 믿게 하며, 그런 자신을 지식 엘리트라고 착각하게 한다. 나도 그런 착각에 빠져 있었다. 나 또한 심각한 학습중독, 자격증 중독에 빠져 있었던 것이다! 언제부터인가 떠돌기 시작한 '평생학습'이라는 말을 당연하게 받아들여왔던 나는, 이제야 그 실체가 무엇인지를 선명하게 인식하고 있다. 그건 사람은 죽는 날까지 힘써 배우고 정진해야 한다는 뜻이 아니라, 평생을 지식상품의 소비자로 연명해야 한다는 뜻이었다.

스스로 경험하고 해낸 것 없이 퇴화되어버린 존재는 모든 영역에 걸쳐 '소비자'가 되었다. 이것이 국가와 대학과 시장이 만들어 낸 최종의 인간상이다. 우리는 만들어진 상품을 사는데 돈을 쓰는 일에는 생의 의욕을 느낀다. 또한 그것들을 소유한 자신을 다시 하나의 상품으로 팔아 돈을 버는 데는 엄청난 열정을 보인다. 하지만 자신을 상품으로 만들어 돈을 벌고, 상품을 사는데 돈을 쓰는 것 이외의 어떤 것을 만들어내고 해내는 일에는 열정과 의욕을 상실하게 되었다.

자신의 경험과 개성을 바탕으로 해서 스스로 생활을 꾸

려 나가는 일은, 삶에서 진정 필요한 일은 모조리 시장으로 떠넘겨 버렸다. 아이는 유아방과 유치원과 학교에 맡기고, 아이들의 대화 상대는 TV와 컴퓨터에 맡기고, 가사는 도우미에게 맡기고, 옷과 생활도구는 마트와 백화점에 맡기고, 영혼은 제도 종교에 맡기고, 건강은 병원에 맡긴다. 이 체제는 온전한 것을 갖고 태어난 인간을 매일 매일 불구자로 망가뜨리며 앞으로 나아간다. 자신의 건강한 발을 두고 값비싼 첨단 목발을 끼는 바보처럼, 삶의 소중한 기능을 시장에 떠넘기고 불구가 되는 대가, 그것이 자격증이고 돈의 크기이다.

지금 우리는 나답게 살다 보니 꼭 이런 것이 필요해서 배우고, 꼭 이런 자격증이 필요해서 갖는 것이 아니다. 참으로 나답게 살기 위해 먼저 그 삶을 살아내면서, 거기에 꼭 필요한 돈만을 버는 것이 아니다. 일단 돈부터 벌고 봐야 하는 것이다. 그리하여 더 많은 돈이 필요하고, 더 많은 돈이 곧 더 큰 행복이고, 그러니 좋은 대학부터 들어가야 하고, 좋은 직장부터 붙고 봐야 한다. 이렇게 우리 사회는 어느덧 대졸자 주류 사회가 되고 말았다. 이는 결국 또다시 경쟁과 소비로 귀결된다.

대졸자들이 주류인 사회에서 소비에 대한 기대치는 부풀려지고, 과시적인 소비에 대한 욕망은 점점 커진다. 결혼을 포함한 모든 인간관계도 과시적으로 유지해야만 비참하지 않을 수 있게 만든다. 모두들 알게 모르게 더 부유한 소비계층을 선망하고 질투하며, 하다못해 짝퉁을 사 들거나 성형을 하거나 복근을 만들거나 아이폰이나 콩다방 별다방 종이컵을 들고라도 따라가려고 한다. 이러한 과정에서 소비와 경쟁과 자존심은 무한대로 커지고 모방되고, 소비수준은 너무나 과도하게 높아져 버렸다. 서민과 노동자와 비정규직도 제대로 된 저항도 하지 못한 채 그 '탐욕의 포퓰리즘'으로 빨려 들어간다. 과잉경쟁과 과잉소비는 '돈을 벌고 쓰는 게 삶'이고 '행복은 부자 되는 것'이고 '그 길은 대학 가는 것'이라는 신념의 일치 속에 더욱 더 가속화된다. '불필요한 필수품'이 무한정 증가하고 상대적 빈곤감은 커져만 간다.

이 악순환은 끝이 있을까? 삶을 위해 돈이 필요하지 돈을 위해 삶이 필요한 건 아니지 않은가? '삶'이 아닌 '생존'을 위해 살아갈 수는 없지 않은가? 그래서 나는 먼저 나부터라도 멈춰서고 이 체제로부터 빠져 나오기로 결심한 것이다.

덧붙여, 이 대졸자 주류 사회에서 대학 안 나온 청년들의 실업 문제와 저임금 문제는 조명도 안 되고 있는 현실에 나는 분노한다. 육체노동은 '천민'들의 짓인 양 경시하는 사회 인식이 부추겨지고 있는 현실에 나는 분노한다.

누가 내 삶의
결정권을 가져갔나

　지금까지 써 내려온 내용은 내가 대학거부를 결심하기까지 겪은 '공기처럼 파고드는 두려움'과의 투쟁과정이기도 했다. 대학·국가·시장으로부터 학습된 두려움은 다르게 사는 것에 대한 모든 상상력과 용기를 잠식해 왔다. 나는 그 '가르침'들이 나의 내면에 자리잡기 이전으로까지 내 생각을 파고들어가야 했으며, 또 그것들을 넘어서까지 생각을 펼쳐야만 했다.

　우리 부모님 세대가 젊었을 때만 해도 살아가기 위해 꼭 그렇게 많은 돈이 필요한 건 아니었을 것이다. 삶의 필수품인 식량과 땔감과 물은 자급자족했고, 직접 자기 노동으로 충족할 수 없는 것을 구하기 위해 환금작물이 필요할 뿐이었다. 자급자족의 영역과 꼭 교환을 해야만 하는 영역이 따로 존재했다. 그런데 생활전반이 화폐화, 시장화, 교환화되자 모든 활동에 돈이 필요하게 되었다. 한 존재가 스스로 해결할 수 있는 것이 거의 사라져버렸다. 지금 시대는 돈과 시장에 대한 완벽한 의존의 시대, 삶의 자율에 대한 완벽한 상실의 시대가 된 것이다. '내 삶의 결정권이 나에게 없다'는 사회 현실 앞에서의 두려움, 이것이 국가와 대학과 시장이 만들어 낸 우리 시대 고통과 모순의 핵심이 아닐까. 사회 양극화와 청년실업 문제도 여기에 뿌리를 둔 가지가 아닐까.

우리 삶의 방식이 점점 더 기계화되고 도시화될수록, 고유의 개성을 살리고 의미 있는 일을 할 기회는 점점 더 박탈되고 있다. 자급자립의 삶이 사라지고 자본권력이 삶을 움켜쥔 세계경제 시스템에서 자격증화, 인간 부품화, 청년실업 문제는 필연일 수밖에 없다. 선진국이 될수록 더욱 심해진다. 사회 자체가 하나의 거대한 기계가 되었다. 사람은 그거대 기계의 볼트와 너트가 될 수밖에 없다. 많은 자본이 들어간 기계를 생산적이고 효율적으로 굴린다는 원칙으로 사회를 조직하면서 인간은 기능적으로 분해되고 부품화되었다. 그래서 언제든지 대체 가능한 '유연한' 노동상품으로 전락하고 말았다. 자본집약의 첨단기술 산업으로 갈수록 더더욱 많은 인간이 필요하지 않다. 글로벌 삼성이 세계 1등이 된다고 일자리가 늘어나는가? 삼성의 현지 공장과 영업소들이 국내에서 늘어나는가? 성장할수록 더 값싼 노동 상품을 찾아 가난한 나라로 일자리가 옮겨가고 있지 않은가. 그리고 국내의 값싼 일자리와 3D 업종은 대학 안 나온 고졸자와 이주노동자에게 던져지는 게 아닌가. 청년들에게 꿈도 열정도 도전의지도 없다는 말은 이런 현실구조를 은폐한 떠넘기기에 다름 아니다.

나아가 일자리와 인구와 대학과 문화와 지식이 서울과 대도시에 집중되면서 지역과 농촌은 황폐해지고, 그러니 모두가 서울로, 도시로 몰려오는 악순환이 계속된다. 이렇게 사람들이 몰려든 대도시에서는 작은 창업을 해서 꿈을 이루고 싶어도, 어떤 좋아하는 일을 소박하게 하고 싶어도 불가능한 현실이다. 값비싼 집세와 임대료와 더 치열한 경쟁에 떠밀리게 된다. 여기에서 '살아남기' 위해 더 많은 돈이 필요하고, 돈은 더 비싼 자격증이 있어야 주어지고, 그래서 너나 없이 무조건 대학은 가고 봐야 하고, 대학과 자격증의 굴레에서 벗어나기는 더욱 어려워지는 것이다.

이로부터 '자격증을 가지고 있는 사람이 아니면 안 된다'는 생각이 우리를 지배하게 되었다. 한 인간에 대한 신뢰 여부를 자격증이 보장한다고 믿게 된 것이다. 그 결과 이제 자격증 없이는 다른 어떤 시도도 불가능해진 듯 하다. 시인과 작가가 되려고 해도 문예창작과를 나와야 한다. 사진을 찍고 싶어도 사진학과를 나오고 유학을 가야 한다. 가난한 아이들을 위해 삶을 바치고 싶어도 사회복지학과를 나오고 자격증 고시에 합격해야 한다. 요리를 하고 싶어도 비싼 돈 들여 무작정 대학가서 요리사 자격증을 따고 알바해서 이탈리아, 프랑스 유학부터 가야 한다.

그렇게 성취한다 하더라도 이 자격증은 곧바로 자기 자신의 탐욕을 위해 봉사하게 만든다. 거기에 오르기까지 값비싸게 지불한 돈과 시간이 있기에. 시에 대한 순수한 정신도, 다큐멘터리 사진에 대한 사명감도, 가난한 이를 섬기는 자발적 친절도, 아픈 사람에 대한 치유와 정성도, 법에 대한 정의감도 생기기 이전에 들인 돈부터 뽑아내야 한다는 계산이 먼저 작동하지 않겠는가? 거기에 '나는 너희 루저들보다 몇 배는 더 공부하고 유학하고 노력했으니, 내가 성공하고 잘 먹고 잘 사는 건 정당하다'는 자부심과 우월감이 먼저 생겨나지 않겠는가? 그러니 우리 사회 엘리트들에게 어떤 직업윤리와 사회적 책임을 바랄 수 있겠는가?

이 악순환의 고리를 어디서부터 풀어갈 수 있을까? 아직 나는 답이 없다. 하지만 이런 생각은 있다. 사람마다 자기 나름의 재능이나 관심사를 가지고 장인성과 인간됨으로 존경 받으며 살아갈 수 있는 자급자립 기반과 공동체가 먼저 살아나야 할 것이다. 그런 터전이 되살아난다면 소박하고 자유롭게 살아가고 싶은 사람은 농부로 살아가면 될 것이다. 목수가 되고 싶은 사람은 대학을 다니거나 박사가 될 필요가 없다. 요리사도, 시인도, 출판하는 사람도, 카페 경영자도, 사진가도, 사회복지를 하겠다는 사람도, 뭔가 만드는 사람도, 대학 자격증을 가질 필요는 없을 것이다.

직접 시를 쓰고 봉사를 하면서 그 순간 내가 살아있다는 충만감을 느끼면 그것으로 충분하고, 내가 더 좋은 사람이 되면서 인생 전체에 걸쳐 더 발전해 나아가면 될 것이다. 요리를 하고 싶다고 꿈꾸는 아이는 직접 밥을 짓고 김치를 담그고 연구하면 되고, 요리 솜씨만이 아니라 아름다움에 대한 감수성과 사회성이 무르익을 때쯤이면 아주 작은 가게를 열 수도 있을 것이다. 성심성의껏 단골을 늘려가고 자기에게 적정한 규모까지만 성장하고, 장인의 경지에 달하면 성공한 인생이라 만족하고 감사하면 될 것이다.

자격증 시스템으로 그것을 시장화하고 계량화하지 않는다면, 돈벌이의 비교경쟁 시선으로 찌르지만 않는다면, 투입비용과 시간을 끊임없이 높이지 않는다면, 우리 삶과 사회가 나빠질 것이 더 많겠는가, 좋아질 것이 더 많겠는가?

Ⅲ 거짓 희망에 맞서다

G세대로 '빛나거나' 88만원 세대로 '빛내거나', 그 양극화의 틈새에서 불안한
줄타기를 하는 20대. 그저 무언가 잘못된 것 같지만 어쩔 수 없다는 불안과
좌절감에 앞만 보고 달려야 하는 20대. 그런 우리들에게 생각할 틈도,
돌아볼 틈도 주지 않겠다는 듯이 또 다른 거짓 희망이 날아든다.
교육이 문제다, 대학이 문제다 라고 말하는 생각 있는 이들조차 우리에게
이렇게 말한다. "성공해서 세상을 바꾸는 '룰러'가 되어라", "네가 하고 싶은
것을 해. 나는 너를 응원한다", "너희의 권리를 주장해. 짱돌이라도 들고 나서!"
그리고 칼날처럼 덧붙여지는 한 줄, "그래도 대학은 나와야지"
그 결과가 무엇인지는 모두가 알고 있으면서도.

우리는 충분히
래디컬한가

그동안 나의 대학거부 행동에 대한 수만 건의 글을 인터 넷으로 읽으며 대학생들과 중·고등학생들, 생활인들의 견해와 토론을 경청해왔다. 감동과 경외와 희망의 시간이었다. 그분들은 자기성찰과 고해의 마음을 진실되게 열어 보였고, 혁명적이라 할 직감과 날카로운 통찰력으로 대학과 교육과 삶의 문제를 말씀하고 있었다. 나아가 촌철살인의 언어로 그것을 표출하고 있었다. 지금까지 연결되지 않고 정리되지 않았던 내 인식의 지평이 명료해지는 커다란 배움의 시간이었다. 그 글을 모아 책 한 권을 내드리면 얼마나 좋을까 싶을 만큼 나에게 많은 가르침을 주신 '현장지성'의 그분들께 감사드린다. 물론 처음 받아보는 냉소와 비난이 이렇게 아프다는 것도 경험했다. 각오는 했지만, 아픈 건 아픈 것이었다.

그에 반해 진보적이라는 지식인들과 언론이 대응하는 방식과 차원에서 적지 않은 충격을 받았다. 그동안 그들과 '비슷하다'고 생각해온 내가 전혀 다른 꿈을 꾸고 있었던 것처럼 느껴졌다. 대학 문제와 청년실업 문제와 수많은 삶의 문제의 연결망에 대한 고뇌와 철학적 바탕이 그분들과 다르다고 느껴졌다. 문득 대학 시절에도 학생운동하는 선배들과 여러 단체분들을 존중하고 지지를 보내면서도 도저히 함께 할 마음이 나지 않아 송구스러웠던 기억이 떠올랐다. 그 당시 진보단체와 지식인에게 수없이 들어온 '신자유주의 반대', '성찰'과 '연대' 등의 사회과학적이거나 추상적인 말들이 나에게는 마치 방언처럼 들렸다. 사회과학적 진보는 있을지 몰라도 내 일상과 긴밀히 연결된 삶의 총체적 진보는 아닌 듯 했다. 제도와 정책은 진보일지 몰라도 그것을 통해 이루어질 삶의 내용과 생활문화는 한참 후진 듯 다가왔다. 무엇보다 주장은 옳을지 몰라도 내 가슴을 울리는 그 무엇과 사람의 향기는 느낄 수 없었다. 분위기와 사람이 좋아서 함께 하고 싶고, 내가 좋아지는 것 같아서, 왠지 믿음이 가서, 나를 비추는 거울이 돼 주어서, 이 사람들과 함께 가면 사람 살만한 미래가 이루어질 것만 같아서, 그래서 함께 하고 싶어지는 그런 감동이 느껴지지 않았던 것 같다. 한마디로 순수하지 않고 아름답지 않고 매력 없는 이것이 진정한 진보일까 싶은 마음이었다.

나는 이론도 운동도 잘 모르지만, 정답 없는 꼬리에 꼬
리를 문 물음들만 안고 있지만, 이것이 기존 진보에 대한
솔직한 내 생각이다. 왜 민주정부 10년 만에 이명박 정권의
등장으로 민주, 민생, 남북화해가 역주행하는 사태가 벌어
진 걸까? 왜 그동안 기세 있던 진보는, '위기'에 빠져 '성찰'
한다던 진보는 무기력한 침체에서 헤어나지 못하는 걸까?
김대중, 노무현 정부는 민주정부도 아니었다고 떠넘기는 걸
로 끝내면 되는 걸까? 그런데 왜 '진짜' 진보라고 자처하는
사람들은 민생고통은 커져만 가는데 생활민심과 멀어지기
만 하는 걸까? 뭘 해보려고 해도 힘이 없고 권력이 없어 보
여주지 못하니 먼저 권력부터 달라고 하면 되는 걸까? 진
보라는 것은 단지 정당이나 권력쟁취, 제도나 정책수립만
이 아니지 않은가. 불꺼진 벽난로에게 네가 먼저 불을 주면
장작을 던져주겠다고 하는 것과 무엇이 다를까?

이번 계기를 통해 그 실체를 좀 분명히 보게 된 것 같다.
나의 대학거부를 둘러싼 그분들의 태도를 보면서 나지막
한 외침이 터져 나왔다. 우리 사회 진보는 '충분히 래디컬
하지 않다!'고. 래디컬Radical하다는 것은 근원적이라는 것
이다. 근원적이라 함은 사태를 전체적으로 보고, 문제의 원
인을 바탕 뿌리까지 파고 들어가 그로부터 해결의 실마리
를 찾아 나가려는 태도이다. 인간이란 무엇인가, 좋은 삶이

란 무엇인가, 사회진보란 무엇인가에 대한 가치관과 철학과 실천 전반에 대한 것이라고 생각한다. 또한 그것은 67억 인류사회와 세계의 다양한 토박이 마을 전통문화와 임박한 생태위기에 대한 시야까지를 가지고, 현재의 삶과 사회를 물질구조만이 아니라 생활문화와 감성과 영성까지 품어내는 뿌리 깊은 혁명이라고 생각한다. 무엇보다 사람이, 진보적 자기신념을 삶으로 살아내는 사람 자체가 먼저 그러해야 한다고 생각한다.

그런데 우리 사회 진보는 이러한 근원적인 가치투쟁에서 매일 매일 패배한 듯이 보였다. 그 결과가 '탐욕의 포퓰리즘'을 들고 나온 이명박 정부 집권으로 귀결된 것이리라. 내가 접해온 진보는 충분히 래디컬하지 못하기에 쓸데없이 과격하고, 위험하게 실용주의적이고, 민망하게 투박하고, 어이없이 분열적이고, 놀랍도록 실적경쟁에 매달린다는 느낌이 든다. 그것은 실상 물질적이고 권력정치적이고 비생태적이고 엘리트적이고 남성중심적이고 삶의 내용물에서 보수와 별반 다르지 않게 보였다.

충분히 래디컬할 때 유연하고 자유롭고 아름답고 성실하고 강인할 수 있는 것이 아닐까. 가장 래디컬한 것이 가장 대중적이고 실용적인 것이 아닐까. 가장 혁명적인 것이 가장 현실적인 것을 낳는 게 아닐까. 그 래디컬한 입장의 뿌리로부터 다양한 가지와 현실적 층위의 실천들이 진행

되는 것이 아닐까. 헌신성과 역사성을 가지고 분투하시는 선배님들께 너무 주제 넘는 이야기를 한 것만 같아 죄송하다. 안타깝고 답답해서이다.

　이러한 생각에서부터 나는 우리 세대에게 들려오는 거짓 희망의 말들을 하나하나 파고 들어가 본다.

모두가
김연아일 수는 없다

김연아의 빛나는 도약과 함께 우리 세대는 'G세대'로 불리우기 시작하고 있다. 글로벌 시대에 세계무대에서 정상에 오른 스포츠 스타들이 등장하고, 외국 유학으로 유창한 영어를 날리며 거침없는 자신감을 내보이는 젊은이들이 눈에 띄면서, 특정 언론은 G세대 담론을 전파시키고 있다. 그런데 생각해보자. 삶이 스포츠 경기인가? 기록경기와 인생이 같은 것인가? 우리 세대 모두가 김연아일 수 있는가?

나는 피겨스케이트 선수로서 김연아는 좋아하지만, 인생을 김연아처럼 살라고 한다면 사양하겠다. 나를 김연아로 만들어 주겠다고 한다면, 그래서 20대에 엄청난 성공과 갈채와 주체할 수 없는 돈을 주겠다고 한다면, 단호히 그와 같은 삶을 거부하겠다. 나는 이 우주에서 나만이 타고난 개성을 가진 존재이기에 김연아 못지 않게 치열하게 살아갈 것이고 그가 성취한 것 못지 않게 스스로 해낸 것을 기뻐할 것이고, 나 자신의 한계를 극복해낸 승리자로 자긍심을 느낄 것이다. 나도 그렇고 당신도 그럴 것이다. 우리는 저마다의 인생에서 저마다 삶의 승리를 꽃피워 갈 것이다.

나는 나보다 힘들고 가난한 사람들과 함께 울고 웃고 희망을 만들어 가는 것에 살아있음을 느낀다. 사회 모순의 실체를 밝히며 세계를 조금이라도 더 좋게 만들어 가는 일에 보람을 느낀다. 국경 너머 기아와 분쟁현장의 고통 받는 사람들 편에 서서 전쟁을 반대하고 평화를 나누는 일에 감동을 느낀다. 그것이 나 김예슬이어야 한다고 생각한다. 비록 우리 집안이 넉넉하진 않지만 나에게 김연아의 1등과 영예와 돈은 필요하지도 않고 별로 부럽지도 않다.

우리 세대 모두를 김연아처럼 세계 경쟁 무대에서 1등으로 빛나라고, 너도 그럴 수 있다고, G세대로 띄우는 건 어떤 의도가 있다. 그것은 젊은이들의 가슴에 '탐욕의 열정'을 불러일으키는 것이고, 수많은 젊은이를 루저로 밀어뜨리는 것이고, 고유한 삶의 길을 하나뿐인 성공으로 부정하는 것일 수 있다. "젊은이의 진취성과 도전정신"이라는 그럴듯한 말로 이 양극화 현실과 복잡한 모순을 단순화해, 세계화된 자본권력의 트랙에 젊은 세대를 밀어 넣는 것일 수 있다. 너희들에게 '기회의 평등'을 주었고 실력껏 경쟁했으니 결과에

승복하라, 못하겠으면 값비싼 교육상품에 더 투자하라, 너는 루저이니 사회에 저항할 생각은 꿈도 꾸지 마라는 의도가 숨어있는 것만 같다. 그리고 민주화된 시대에 '연아처럼' 되는 건 불가능한 현실이 아니라고 강변하기 위해 G세대, 알파걸, 엄친아와 엄친딸들에 대한 스토리를 끊임없이 만들어왔고, 계속 만들어 갈 것이다.

나에게 G세대는 'Global Caste'의 약자로 여겨진다. '글로벌 카스트', 세계화된 신분계급제도 말이다. "세계를 상대로 자신감 있게 당당히 경쟁해야 하는 G세대"의 절대 다수는, 실상 시급 4,000원짜리 알바를 뛰어 1년짜리 어학연수나 가는 참담한 글로벌 카스트 세대이다. 글로벌 시장만능주의는 우리의 자격증도 세계 경쟁 시스템으로 재편시키고 있다. 외국 명문대 유학, 교환학생, MBA 등으로 서열화는 더욱 잔인하게 진행된다. 이제 세계는 계급 차이를 넘어, 국경을 넘어, 위에서부터 바닥까지 피라미드로 단계 단계 구분 지어지듯 글로벌 카스트로 나뉘는 것이다. 같은 국경 안에 있다 해도 다른 카스트 사람들과는 통하지 않는다. 어떤 가난한 나라의 대학 졸업자도 학교 교육을 받지 못한 같은 나라 사람보다는 잘 사는 나라의 대학 졸업자에게 더 많은 친근감을 느끼고 있다. 아이티나 방글라데시의 상층 계급은 뉴욕과 파리의 상층 계급과 더 잘 통하지 자기 나라 하층 계급과는 다른 행성에서 살고 있는 것이다. 세계화 시대의 가난은 세계 속도로 굴러가는 글로벌 카스트의 굴레 속에서 대물림 되고 있다.

나아가 글로벌이라는 말을 소리 높여 외치기 이전에 무엇이 진정한 글로벌인지를 돌아볼 필요가 있다. 세계화 시대에 좁은 시야를 벗어나라고 글로벌을 외치는 수많은 사람들 대부분은 글로벌 카스트 위쪽, 다시 말해 미국과 서구가 글로벌이라고 생각하는 듯 하다. 나 역시 '글로벌 고려대 경영대'에서 영어 수업을 받으면서 어느덧 글로벌은 미국화, 유학은 미국으로 '자동 입력'되고 말았다.

그러나 세계 67억 인류 중에 소위 선진국이라 불리는 인구는 기껏 15%에 불과하다. 우리가 민주주의를 중시한다면, 유엔 인권헌장을 존중한다면, 인종차별과 문화차별을 악이라고 생각하는 지성인이라면, 중동-이슬람과 아프리카와 중남미와 아시아의 사람들을 있는 그대로 바로 보아야 할 것이다. 그들의 장엄하고 깊이 있는 고유의 문화, 인류에 대한 역사적 기여, 그리고 수백만 개의 토박이 마을의 전통을 이해하고 존중하지 않는다면, 우리는 미국과 서구 중심의 주술에 씌워진 편협하고 후진 존재일 것이다. 그들이 고통 받고 있는 가난과 기아와 질병과 자연재앙과 분쟁은 그들 탓이 아니다. 2010년 1월 아이티 지진 대참사 당시, 서구 미디어는 일부 소수 가난한 아이티 주민들이 생존을 위해 생필품을 가져가는 모습을 아이티의 전모인 양 비추었다.

대참사를 키워낸 역사적이고 근본적인 원인이 미국과 서구의 식민지 자원수탈과 노예약탈, 친미 독재정부를 지원하기 위한 정치개입에 있었음에도 말이다.

글로벌 시대에 내 존재의 발밑을 먼저 돌아볼 때이다. 우리는 코리아에 살고 있다는 것만으로도 이미 인류의 꼭대기 층에 올라 서 있다. 가난한 나라 가난한 사람들의 노동과 꿈을 착취하고 있는 내 삶의 기반을, 가난한 나라 자원과 생태계를 갉아먹으며 그들의 미래를 훔치고 살아가고 있는 G20 국가 코리아에 속해있는 대학생 신분인 나를 생각할 때마다 견딜 수 없는 죄책감이 엄습하곤 했다. 내가 미국과 강대국의 침공을 반대하며 'SAVE 레바논, 팔레스타인, 아프가니스탄, 이라크, 버마, 쿠르드, 수단' 피켓을 들고 장맛비가 내리고 눈보라가 치는 차가운 광화문 거리에 서 온 것도, 대학을 거부한 중요한 이유 중의 하나도, 글로벌 시대 내 존재가 딛고 선 자리에 대한 부끄러움과 괴로움 때문이기도 하다.

나에게 글로벌은 '글로벌 카스트'에 다름 아니기에 나는 우리 세대를 G세대라 명명하는 것을 인정할 수 없다.

88만원 세대라
부르지 마라

나 역시 등록금을 벌기 위해 시급 3,800원짜리 알바를
뛴 적이 있다. 생존을 위해 스펙을 쌓고 등록금이라도 벌자
고 알바에 매달린 우리에게, 누군가는 열정도 패기도 없는
'88만원 세대'라고 딱지를 붙여주었다. 우리 세대의 사회경
제적 현실을 숫자로 밝혀낸 발상과 노고는 인정한다. 그러
나 숫자만으로 담을 수 없는 문제의 본질과 진실을 그 딱지
로 단순화시키는 것은 아닌지 나는 깊이 우려해왔다.

88만원 세대라는 담론을 습관적으로 쓰는 이들은 나의
행동에 대해 '88만원 세대의 저항이 시작됐다'고 자동적으
로 말할 것이다. 아니나 다를까 그분들은 나의 대학거부에
대해 그것은 '근본적인 해결 방안'이 아니니 '함께 하자'고
말해왔다. 청년 문제에 대한 깊은 고민과 관심에는 감사를

드리는 바이다. 그런데 무엇이 근본적인 해결이라는 것인가? 무엇을 함께 하자는 것인가?

나에게는 '88만원 세대'가 함께 할 수 있는 현실적 눈높이의 실천으로 '연대'해서 더 많은 '권리를 쟁취하라'는 소리로 이해된다. 그 권리라는 것은 아마도 고용시켜 달라는 권리이며, 88만원짜리 저가상품을 188만원짜리 중가상품으로 매장에 내어놓게 하자는 권리일 것이다. 진보가 걸핏하면 들이대는 프랑스나 핀란드처럼, 국가복지라는 이름으로 학생들에게 무상교육을 제공하고 실업자에게도 생활비를 제공하라는 요구일 것이다. 물론 대학 졸업장을 따기 위해 값비싼 돈을 들였으니 제값을 받아내는 것은 중요하다. 노동기본권과 인권보장을 위해서도 당연한 요구이다. 이는 청년학생의 절박한 요구이고 대중적 공감이 큰 것이기도 하다. 나 역시 부분적으로 이런 요구에 동의하고 작은 힘을 보태왔다.

이러한 권리투쟁과 국가복지를 고무하는 사회과학적 진보담론은 꽤 급진적으로 보여진다. 그러나 진보적 요구라고 내세운 것들이 실상 보수적 흐름을 강화시키는 결론으로 빠질 수 있다. 지구 시대에 '고르게 부자인 삶'의 꿈이 진정한 진보일까? 지구상의 모든 나라가 핀란드처럼 될 수 있을까? 그 요구를 들어주기 위해서는 '선진화'가 되어야 하고, 3만 달러가 필요하고, 그러니 더 많은 경제성장과 국익추구가 필요하다는 데 힘이 실려버리지 않는가? 그러면 기다렸다는 듯이 재벌총수를 유전무죄로 풀어주자고, 노동자 파업을 없애버리자고, 그런 CEO 대통령을 뽑자고 자동적으로 미끄러지는 악순환이 벌어지고 있지 않은가? 사회과학적 진보의 무서운 역설이 아닌가!

더욱이 우리에게 딱지 붙여진 이 이름은, 대학 졸업을 못하고 중산층이 못되면 억울하고 비참하리라는 식의 또 다른 불안과 공포를 조장하는 것일 수 있다. "보수는 괴로워하지 않고 아이를 경쟁에 밀어 넣고, 진보는 괴로워하면서 아이를 경쟁에 밀어 넣는다", "보수는 아이가 명문대생이기를 바라고, 진보는 아이가 의식 있는 명문대생이기를 바란다"는 웃지도 울지도 못할 말이 떠오르는 건 왜일까. 대학을 나오지 않고 주류적으로 살지 않아도 억울하거나 비참하게 느껴지지 않으며 저마다 하고 싶은 일을 하면서 당당하게 살 수 있는, 그런 다른 삶이 존중되는 사회적 가치를 먼저 세워야 하는 것이 아닌가 하는 생각이 든다. 지금 내가 '마음 공부'나 '의식 개혁'으로 사회불평등과 절박한 살림경제 문제를 건너뛰자는 것이 아님은 물론이다. 이거냐, 저거냐? 아주 나쁜 이분주의로 나의 문제의식을 판단하지 말기를 바란다.

대학을 거부한 나의 요구는 88만원을 188만원으로 올려달라고 요구하는 것만이 아니다. 나는 더 근원적으로 나아가고 싶은 것이다. 그것은 의무교육과 자격증 유일 잣대 시스템에 대한 문제제기이며, 이를 이끌어가는 대학과 국가와 시장 시스템에 대한 문제제기이다. 나아가 이 억압의 3각동맹이 공고하게 만들고 있는 비즈니스 문명, 도시·기계 문명, 자본권력의 세계체제에 대한 근원적 도전에 초점을 맞추고 있다. 이는 어느덧 양심적 지식인과 사회운동가들조차 둔감해져버린 우리 시대의 진보적 '삶의 내용'과 '삶의 방식'에 대한 이의제기이기도 하다. 그리고 내가 먼저 그렇게 살아내자고 다짐하며 나는 첫걸음을 내딛은 것이다.

이러한 나의 대학거부 행동을 "극단적 선택"이라고 말하는 사람들이 있다. 참 이상하다. 우리가 당연한 듯 따르는 지금의 이 학교 제도와 대학 현실이 정말로 "극단적"인 게 아닌가? 엄청난 돈을 들여 12년, 16년씩 삶을 바친 결과가 진리, 자유, 정의이기는커녕 취업도 안 되는 허구적 권위인 종이 쪼가리 한 장이니 말이다. 그런데도 끝도 없는 자동 컨베이어 벨트에 실린 것처럼 그 한 길로 나아가겠다는 것이 정말 "극단적 선택"이 아니고 무엇인가. 더욱이 나는 겨우 대자보를 붙이고 1인시위를 하면서 학교를 그만둔 최소한의 저항밖에 하지 않았다. 분신자살이나 총기난사를 한 것도 아니다. 대학을 자퇴하지 않는 학우들과 양심적 사퇴를 하지 않은 교수들을 비난한 것도 아니다. 재능 차이와 능력 차이와 적정한 경쟁을 부정하는 것도 아니다. 당장 학교

제도를 폐지하고 모두 대학에 가지 말자고 하는 것도 아니다. 그런데도 내가 극단적인가? 올해 2010년은 안중근 의거 100주년이다. 서른 한 살 청년 안중근이 하얼빈에서 쏜 총성이 침묵의 동아시아를 뒤흔들었을 때, '일제가 얼마나 강한 줄 아느냐, 민족해방과 아시아 평화는 혼자서, 테러로 해결할 수 있는 문제가 아니다, 모두 함께 국내에서 현실적 요구를 걸고 연대해야만 한다' 당시 이렇게 논평한 지식인들이 적지 않았을 것이다. 지금도 별반 다른 상황은 아닌 듯하다.

　나는 청년실업 해결과 사회복지 확충과 88만원을 188만원으로 올리는 권리 요구에 내가 할 수 있는 한 연대할 것이다. 하지만 연대를 이유로 나의 래디컬한 인식과 실천을 유보할 생각은 조금도 없다. 나는 대중성과 현실성의 이름으로 나의 문제제기와 실천을 하향평준화시키는 실용주의, 중도주의, 연대주의에는 동의할 수 없기 때문이다.

인문 '학'이 아니라
인문 '삶'이다

생각 있고 창의적인 인재를 만들겠다면서 논술 붐이 불었다. 대학 입학에도 논술시험이 필수가 되었다. 고등학생, 중학생, 초등학생까지 논술 대비 고전읽기 바람이 불었다. 부끄럽지만 나는 수능을 마치자마자 한 시간 수업에 20만 원의 수강료를 받는 단기 속성 논술 학원에 등록한 적이 있다. 논술로 유명하다는 학원이었는데 원장과 강사 선생님들이 '386 운동권'이라고들 했다. 『누구를 위하여 종은 울리나』의 요약본을 받아 들고, 누구를 위하여 종을 울리는지 생각할 필요는 없었다. 먼저 누가 썼는지를 외우고, 이렇게 해석하면 된다는 매뉴얼을 읊어주는 강사의 말을 받아 적으면 되었다. 『사람은 무엇으로 사는가』를 읽으면서도 방식은 마찬가지였다. 그 한 시간의 수업을 마치고 나는 더 이상

그곳을 찾지 않았다.

　그렇게 대학에 들어오고 얼마 후, 아버지의 책장에 꽂혀
진 책에서 보았던 한 시인의 말을 직접 들을 기회가 있다고
해서 물어 물어 찾아갔다. 여러 대학의 학생들과 대학을 다
니지 않는 청년들이 함께 모여 앉아 있었다. 그 세 시간의
만남에서 거기 있던 우리 모두는 벼락 같은 충격에 휩싸였
다. 시인은 대학을 다니지 않아서인지 책에서 읽은 말이나
이론을 말하지 않았다. 자신이 삶으로 살아낸 것만을, 스스
로 경험하고 부딪치고 살아낸 진리만을 생생하게 이야기했
다. 어려운 말이나 '타자'니 '신자유주의'니 '연대'니 하는 말
은 한마디도 쓰지 않았다. 그는 '이것이 진리다, 이렇게 살아
라'고 말하는 것이 아니라 '나는 이렇게 산다, 나와 함께 살
아가자'고 했다. 그는 "그대는 진리를 알려고 하는가, 진리
를 살려고 하는가. 그대는 길을 찾으려고 하는가, 길을 걸으
려고 하는가. 그대는 사랑을 배우려고 하는가, 사랑을 하려
고 하는가"라는 화두를 던지며 그날의 대화를 마쳤다. 지극
히 온유하고 나직한 말이었음에도, 내 온 존재의 기반은 지
진이 이는 것처럼 진동했다. 그날 시인의 말은 내 심장을 찔
렀다. 다른 친구들도 그랬던 것 같다. 시인이 서둘러 분쟁현
장으로 떠나간 뒤, 처음 만난 우리끼리 모여서 서로 눈물로
마음을 나누고 모임을 계속하기로 했으니까. "그만 배우기,
생각하기! 그만 생각하기, 행동하기! 지금 바로 살아가기!"

시인이 무릎 꿇고 나무를 심듯 던진 화두가 나를 진정한 나 자신에게로 이끌어 왔는지도 모르겠다.

돌아보니 나의 말은 온통 다른 누군가의 것을 인용한 지식투성이었다. 나는 그 무수한 지식으로 상황을 더 복잡하게 만들어 버리는 '지적인 바보'였던 것이다. 머리만 있고 가슴이 없는, 알기는 하는데 느끼지는 못하는 사람이 되어있었다. 그날부터 나는 조심스럽게 책을 내려 놓기 시작했다.

그런데 세상은 반대로 돌아가고 있었다. 최근 몇 년 사이에 시장만능주의에 대해 경종을 울린다며 '인문학의 위기'를 외치는 사람들이 늘어났다. 사회의 지적 천박성을 질타하며 스스로 사유할 수 없게 된 아이들에게 '그래서 인문학이다'라고 얘기하고 있다. 어느 중고생 인문학 공부 모임은 진보 언론과 교수들의 집중적인 찬사와 조명을 받기도 했다. 그런데, 알 수 없었다. 왜 또 '학'일까? 인문'학'은 인문'교양서'에 삶과 정신의 세계를 축소시키는 것이 아닐까? 불안과 실존의 문제를 키에르케고르 책에서 발견하게 하면서, 정작 살아있는 비정규직 노동자의 불안한 가슴과 포개지는 실천과 경험은 지나쳐 버린다.

평화, 인권, 혁명, 인간존재까지를 줄줄 꿰는 머리와 논술은 어디를 향하는가? 독서, 논술, 인문학마저도 대학 합격과 성공과 돈벌이를 위한 경쟁력 강화를 지향하고 달려가는 수단에 불과하게 된 것이 아닐까? 아이들은 이미 충분히 영악하다. 언론이나 사회에서 띄우기 시작하면 귀신같이 알아챈다. 그것이 또 하나의 갈채 대상과 자기경쟁력과 스펙이 된다는 것을. 왜 인문지성이 '학'의 이름을 달고 문자와 텍스트 권력을 독점한 대학으로, 또다시 대학으로 청년들을 끌어들일까. 그것은 기껏 너무 달콤하고 기름기가 많은 시장화된 대학에 약간의 유기농 채소를 공급하자는 것이거나 더 나아가봤자 교양 있는 인재와 비판적 엘리트 양성이 목적이고, 결국 지식경제 시대의 자기경쟁력 강화로 귀결되는 것이 아닌가.

정말 인문학인가? 나는 인문'학'이 아니라 인문'삶'이 필요하다고 생각한다. '학'과 '삶' 사이는 머리와 가슴보다 더 멀지 않은가. 아무리 사랑'학'을 전공하고 공부한다고 해서 사랑을 잘 하는 것은 아니지 않은가. 심리'학'을 전공해서 고통 받는 사람의 상처를 치유할 수 있는 것은 아니지 않은가. 슬픔은 더 큰 슬픔을 가진 자만이 자비의 마음으로 안을 수 있고 상처는 더 큰 상처를 입은 자만이 그것을 승화시켜 치유할 수 있는 것일진대, 학문과 권위와 자기강화를 갑옷처럼 두른 대학에서 어디까지 가능한 것일까. 농사, 노동, 살림, 아름다움에 대한 절정체험, 엘리트 버리기, 아상我相 깨기, 자기투신, 이러한 삶의 '몸체'는 없이, '두뇌'에 인문학을 집어 넣자는 것이 인문'학'이 아닌가 하는 생각이 든다. 자기중심주의를 깨뜨린 삶의 실천이 없는 상태에서 머리 속에

집중적으로 집어넣는 인문학이 얼마나 큰 문제인지를 나는 나 자신과 친구들과 비판적 지식인들을 접하며 절감하고 있다. 아무리 좋은 인문지식에도 '한계'라는 것이 있다. 지식이 많다고 무조건 좋은 것이 아니다. 삶과 실천의 흡수능력을 넘어서는 인문학은 독이 될 수도 있는 것이다. 자신을 움직이는 것이 사랑이 아니라면, 가난한 마음이 없다면, 그런 자기 내어줌의 실천이 없다면, 그 많은 지식과 진리가 무슨 소용이 있을까 싶은 생각이 든다.

지성은 고전과 문자에 박혀진 지식만이 아니다. 자기 앞에 닥친 실제적인 문제와 삶의 현장과 노동현장과 자연과 영혼과 수많은 낯선 관계에서 길을 찾아 살아내는 '삶의 지혜'가 진정한 지성일 것이다. 과거에는 가난해도 우정과 친절이 있고 사람의 경우에 어긋나지 않고 인간적 위엄이 있는 자급자립의 소박한 삶이 있었다. 인문학 같은 건 몰라도 자신의 삶은 스스로 다 챙길 수 있었다. 지금은 스스로 할 수 있는 건 없는데 모르는 건 없는 역설의 시대이다. 네비게이션으로 찾을 수 없는 길은 없으나 나의 기억력과 야생의 본능은 사라진 것처럼. 가난한 이들 속에서 세끼 동냥으로 밥을 얻어 먹고 지붕 있는 집이 아닌 나무 밑에서 수행하고 잠자던 혁명가 붓다를, 이제 그렇게 하지 않아도 불교 대학을 나와 성직자 옷을 입거나 대학 교양과정의 인문학을 공부하면 다 아는 듯 말할 수 있게 되었다. 하지만 그럴수록 진짜와는, 진리와는 영원히 멀어져 간다.

우리는 우리가 읽은 책으로 만들어지는 것만이 아니다. 스스로 겪고 만나고 헤매고 상처받고 저항하고 사랑한 만큼 만들어진다. 인문학이 희망인 듯 말하는 지식인들은 자신이 가진 독점적 대학의 권위나 권력과 이해관계를 갖고 있기에 과도하게 환상을 퍼뜨리고 있는 것은 아닌지 생각해볼 필요가 있다. 자신이 살아내지도 못하고 실천으로 검증되지도 않은 '진리상품'을, 그것도 '직수입한 불공정 지식상품'을 말하고 쓰고 팔고 있는 것이 아닌지. 우리는 먼저 체험하고 행동하고 살아낸 것으로 만들어진다. 교육의 본질은 지식이 아니라 행위일 것이다. 아무리 좋은 강의와 책도 그것을 아는 만큼 실천하고 삶으로 살아낼 때 살아 움직이는 사랑과 진리가 된다. 나는 내가 얼마나 고전을 많이 읽었는지, 얼마나 글을 잘 쓰고 토론을 잘하는지 관심이 없다. 모든 것을 폭넓게 다 아는 것도, 어떤 것을 전문가급으로 아는 것도 바라지 않는다. 비록 이론으로 설명할 수는 없을지라도 내 생활과 삶에 적용하고, 시대 문제의 본질을 직시하고, 불의에 저항하고, 진정한 나를 찾아 살아내는 것에 관심을 둔다. 나는 아는 만큼 살아내고 있는가? 문제는 '삶'이 아닐까?

나는 우리 사회가 잘못됐다, 싸워야 할 대상이 저것이다, 진리는 이런 것이다, 이렇게 살아야 한다고 가르치는 사람이 좋은 스승이라고 생각해왔다. 그러나 진정한 스승은 "나와

같이 살자"라고 말할 수 있는 사람일 것이다. 나처럼 벌고 먹고 쓰고 산다면, 나처럼 아는 것을 곧바로 실천한다면, 그러면, 이 고통에 찬 세상이 좋아지리라고. 그리고 어떤 위대한 일에도 자기희생 한다는 생각도 없이, 대가도 보상도 없이, 진정한 자신을 찾아 매 순간 행복한 마음으로 사이좋게 해 나가자고, 그렇게 살아 보이는 삶의 스승이 필요한 것이다.

나는 전문적인 학문과 대학을 송두리째 부정하는 것이 아니다. 삶은 너무 과소한데 지식은 너무 과도하다는 것이다. 인문학은 무조건 좋은 것처럼 청소년과 대학생과 학부모들에게 주입된 현실에 근원적 물음을 던지는 것이다. 지식이 희귀한 계몽시대도 아니고, 어디서나 지식과 지식인이 넘쳐흐르는 이 시대에 진정한 지성인의 존재양식을 묻고 있는 것이다. 나는 정말이지 인문학의 위기를 말하고 예산 부족을 탓하며 서슬 퍼렇게 항의하던 교수들에게 조목조목 묻고 싶다. 그렇게 확보한 기금으로, 우리 학부모들의 피땀 어린 학자금과 노동자와 농민과 서민들의 세금으로 무얼 해왔는지, 그 연구성과라는 것이 도대체 우리 시대 모순의 본질을 얼마나 밝혀냈는지, 또 밝혀낸 만큼 자신은 얼마나 더 진실한 삶 쪽으로 걸어갔는지 눈물로 묻고 싶은 것이다.

여기, 지난 3월 17일 이화여대에 붙은 대자보가 있다. 〈김예슬 선언 앞에 교수님들의 양심을 묻습니다〉라는 제목의 대자보 일부를 옮겨 적어본다.

"조·중·동은 언론이라고 부르기 민망할 만큼 이 사건을 완전히 외면했습니다. '자유·정의·진리', '진·선·미', '의에 죽고 참에 살자' 등 건립이념은 버린 채 '대학大學'을 취업학원으로 전락시킨 대학 총장님들도 마찬가지였습니다. 아니, 그들에겐 기대조차 하지 않았습니다. 그러나 가장 진보적이라는 언론조차 이 의미를 알아채지도, 제대로 다루지도 않았습니다. 진리를 논하며 우리의 숨통을 틔워주던 진보 지식인들과 교수님들조차 거의 모두가 침묵했습니다. 몇몇 분들은 "거의 눈물 날 정도로 기뻤"다, "뒤늦은 성년식을 축하한다"며 좋은 소리를 하면서도 정작 교수직인 자신에 대한 성찰은 빠져 있었습니다. 저는 묻고 싶습니다. 말로는 좋은 세상을 외치면서 정작 자신의 존재로 좋은 세상을 가로막고 있는 것은 아니냐고. 존경 받는 교수님이라는 직위는, 월급은 어디에서 나오는 것입니까? 언제까지 비정규직과 청년실업이라는 이름표를 달고 고통 받는 청년들을 외면하실 겁니까? 저는 기다립니다. 〈오늘 나는 대학 교수직을 그만둡니다. 아니, 거부합니다!〉라는 양심 있는 교수님들의 선언을. 설령 김예슬 씨처럼 대학 기득권을 던지지는 못하더라도, 지지건 비판이건 본인이 진리라고 생각하는 대로 말씀해 주십시오. 그리고 진리라고 믿는 것을 실천으로 보여주십시오. 죽어있는 '학문'이 아닌 '삶'을 보여주십시오. 저 또한 이대로 대학 모순이 묻혀버리는 것을 그저 지켜보고만 있지는 않겠습니다."

가슴 뛰지 않는다고
가슴 치지 말자

언제부턴가 유행처럼 번진 말이 있다. "네가 하고 싶은 것을 해, 나는 너를 응원한다", "가슴 뛰는 삶을 살아라." 이 말을 처음 들었을 때 나는 외쳤다. 와, 멋있다! 그리고 두 번째는 부럽다, 세 번째는 슬프다, 마지막으로 화난다! 에 까지 이르렀다. 왜 이 말은 우리에게 또 다른 펀치처럼 날아와 가슴에 멍이 들게 하는지. 친구들은 '왜 내 가슴은 안 뛰는 거냐'고 입버릇처럼 말했다. 우리는 그렇게 가슴 치며 무력감에 빠졌다. 가슴 뛰는 것도 경쟁이 된 것일까? 왜 가슴이 뛰지 않는지, 아니 왜 가슴이 뛰어야만 하는지 묻지도 못한 채.

나는 내 친구네 엄마와 중학생 동생의 이야기를 들을 수 있었다. 엄마는 말했다. "학원 갔다 남는 시간에는 온종일 컴퓨터, 케이블 TV만 보는 아들 때문에 답답해. 그걸 못 하게 했더니 DMB폰을 손에서 놓지를 않아. 무기력하고 꿈도 없고 열정도 없고…. 나는 옆에서 속이 타는데 애는 천하태평한 것 같다니까. 다양한 사람들을 만나고 풍부한 경험을 하고 자기가 하고 싶은 일을 찾았으면 좋겠어. 뭘 해도 좋으니 남들처럼 가슴 뛰는 삶을 살았으면 좋겠어." 아들이 말한다. "내가 뭘 하고 싶은지, 뭘 잘 할 수 있는지 나도 찾고 싶은데, 눈앞에 대학만 쫓아가기도 바빠요. 당장 내일 뭘 해야 하는지도 막막한데 꿈을 찾는 게 말처럼 쉬워요? 언제 내가 좋아하는 게 뭔지 찾아보게 놔주기나 해봤어요?"

내가 알고 지낸 한 유치원 선생님은 이런 말을 한 적이 있다. "잘 사는 동네도 아닌데, 한 아이 교육비로만 한 달에 100만원을 써. 유치원, 발레 학원, 동화 읽어주는 선생님, 블록 쌓기, 체육 과외까지 시킨다니까. 아이들이 너무나 피곤해 해. 5살이면 10시간은 자고 낮잠 2시간은 자야 하는데…. 오후 2시30분에 유치원이 끝나면 학원 가고 학습지를 풀다가 9시가 되어서야 잠이 들어. 그리고 다음날 아침 8시에 일어나서 유치원에 오는 거지. 피곤해서 거의 실려오는 수준이야. 서민 엄마들이 더 악착같아."

도대체 왜 우리의 가슴이 뛰지 않는가? 왜 꿈도 열정도 없이 무기력하다고 몰아 세우는가? 뛸 가슴은 남겨나 두었는가? 남에게 뒤처지지 말라고, 갈수록 험한 세상에서 돈 버는 능력을 갖추라고, 성공하는 인생이 되라고, 그러니 공부하라고, 대학 입시만을 위해 하루 14시간 의자에 앉혀 놓고 지식의 살만 찌워 놓지 않았는가. '공부만 잘하면' 모든 것이 용서되는 속에서 길러내지 않았는가. 성적 하나로 우월감과 무력감을 느끼도록 길러내지 않았는가. 잠시 짬이 나는 시간에 컴퓨터와 TV와 게임 밖에는 열정을 쏟을 데가 없게 하지 않았는가.

끝도 없는 비교경쟁에 체력은 떨어졌다. 열정도 생명력도 고갈되었다. 이미 모두 방전시켜 탈진하게 만든 상태에서 우리가 무얼 할 수 있을까. 네가 잘하고 좋아하는 것을 하라지만 스스로 좋아하는 걸 찾아보고 시도해볼 만남도 방황도 도전과 부딪힘도 허용되지 않았다. 스스로 길을 잃고 모험하고 찾아볼 기회도 주지 않았다. 그나마 좋은 부모님은 좋다는 책을 억지로 떠먹이고 좋다는 체험교육으로 뺑뺑이를 돌리신다. 그마저도 너무 피곤하고 짊어지고 가기에 무겁다는 걸 아시는지. 학교 수업과 학원에 다녀와서, 휴일에 강제된 좋은 체험까지 하고 나서, 내가 뭘 좋아하지? 내가 잘하는 게 뭐지? 생각하려고 하면 이미 생각할 힘이 남아 있지 않다. 다른 길이 있다는 것을 열어 놓지 않았고, 다른 길을 찾으려 하면 그때마다 불안하게 만든다. 분노하다가도 이내 겁에 질려 포기하게 된다. 우리 세대와 지금의 초·중·고등학교 학생들은 그렇게 사육되며 꿈도 가슴도 죽어가고 있다. 트랙은 여기저기 아무리 달려봐도 트랙일 뿐이다.

또 하나 묻겠다. 왜 가슴이 뛰어야 하는가? 가슴 뛰는 삶의 모델이 나에게는 아름답지가 않다. 국경 너머 굶주려 죽어가고 울고 있는 아이들을 대상으로 삼아 내 가슴 뛰는 삶을 부추기는 자선 스타들의 너무 당당한 홍보 마케팅과 성공한 인생의 전도 행위가 나에게는 의심스럽기만 하다. 정작 기아 분쟁과 질병으로 고통 받고 있는 그 사람들의 가슴은 뛰기나 한건지 우려스럽다. 그리고 그들을 그저 자선과 원조의 대상으로만 대하는 것은 인간에 대한 예의도 아닐 뿐더러, 그들의 삶에 분명히 책임져야 할 사람들이 가려지게 만드는 것이다. 고통의 역사적 뿌리와 엄연한 사회구조악의 실체를 분명히 직시하지 않는 거대 자선활동은 긴급구호 시기가 지나면 해악스러운 자선 비즈니스가 될 가능성이 많은 것이다. 실제 지금 그런 문제는 드러나기 시작했고 심각하다. 일부 진보 언론마저도 뒤질세라 이런 자선 스타를 모델로 내세우고 부추겨 왔다.

그리하여 진정한 자신을 찾기도 전에 '자선'으로 '성공'한 스타를 롤모델 삼는 청소년들이 나는 걱정스럽다. 사람의 심장은 하나인데, 어려서부터 '좋은 일'과 '성공 스타'로 심장이 두 쪽으로 갈라지면 청년이 되고 어른이 되어서 어떤 일이 벌어질까? 좋은 일로 성공까지 하겠다는 것도 또 하나의 성공경쟁이 아닌지. 기아 분쟁지역에서 봉사를 하고 사진을 찍는 사람들은 고통 받는 그이들의 존엄한 감정이 자신의 맑은 가슴으로 흘러 들어와 다른 사람들의 선함을 일깨울 수 있도록 좀 나직하게 나아갈 수 없을까 싶은 마음이 든다.

그러니 우리, 가슴 뛰지 않는다고 가슴 치지 말자. 원래부터 잘 뛰고 있던 가슴, 가슴 아프고 가슴 시린 그 모든 가슴이 숨 좀 쉬게 열어 두자. 머리는 계산이지만, 가슴은 직관이기에, 너무 빠르게 돌아가고 있는 머리를 잠시 멈추고 진정으로 내 가슴이 부르짖고 있는 소리에 조용히 귀 기울여 보자.

부모산성
넘어서기

대학거부를 앞두고 내가 가장 괴롭고 힘든 것은 부모님을 생각할 때였다. 나를 위해 당신의 삶을 희생해온 우리 부모님. 졸업만 해달라고 하소연하는 부모님 때문에 몇 번이고 포기하곤 했었다. 지금도 눈물짓고 계실 부모님 생각만 하면 흔들리는 나 자신을 본다.

대학거부 선언 이후 많은 중고생, 대학생들로부터 편지를 받았다. 지금 대학 1학년생들은 고교시절 촛불집회를 경험한 친구들이다. 그 친구들이 공통으로 호소했던 말이 있다. "명박산성보다 더 무서운 게 뭔지 아세요? '부모산성 뛰어넘기'예요." 다른 친구들도 마찬가지였다. "저도 학교 말고 다른 길을 찾아보려고 하는데 부모님을 설득하기가 제일 어려워요", "다른 건 다 괜찮은데 부모님이 반대하면 어쩔 수가 없어요", "엄마는 이렇게 말해요. 너한테 들인 돈이 얼만데… 너 때문에 내 삶을 다 바쳤는데… 네가 아직 현실을 몰라서 그래", "내가 너보다 인생을 얼마를 더 살았는데. 너 잘못되라고 그러겠니, 다 널 사랑해서 그러는 거야."

나는 '사랑의 이름'으로 행해지는 부모님들의 기대와 애착에 대해 한 말씀 드리고 싶다.

'후대는 선대 업적의 그늘 속에서 자라난다'는 말이 있다. 선대가 자신의 삶을 바쳐 일하고 싸우고 눈물로 이룩한 경제성장과 민주화는 세계가 부러워할 풍요와 자유를 우리 세대에게 제공했다. 그런 우리 부모 세대는 한국의 젊은 이들이 세계에 나가 자유롭게 여행을 다니고 쇼핑을 하고 세련되고 멋있는 생활을 하는 것을 볼 때, 그토록 고생하며 이룬 성취에 대해 보람과 자부심을 느낀다고 한다. 그 자부심은 동시에 질타의 소리로 바뀐다. 이렇게 풍요롭고 민주적인 사회에서 대학을 졸업시켜 놓아도 밥벌이도 못하고 꿈도 없고 도전정신도 없다고. 그런데 선대의 그 빛나는 업적이 동시에 세계화의 무한경쟁이라는 짙은 그늘이 되어 지금 우리를 짓누르고 있다.

우리 부모들은 비록 가난했지만 어린 날들을 우리처럼 그렇게 허겁지겁 성장하지 않았을 것이다. 충분히 자고 흙과 마당이 있는 집과 학교에서 뛰놀고, 온몸으로 느끼고 친구들과 순수한 우정을 쌓았을 것이다. 가난 자체로 많은 배움을 얻으며 함께 나누며 살기를 배우지 않았던가. 학교 안 다니신 할아버지 할머니 세대는 자녀에게 그저 건강하고 경우 바르고 우애 있게 지내라고 당부하셨지, 꼭 좋은 대학 가라고, 지지 말라고, 여기저기 끌고 다니며 압박하지 않았다.

어린 내 기억으로, 한국사회는 IMF를 겪으면서 역사상 처음으로 자본이, 시장이, 돈이 이토록 무섭고 파괴적이라는 걸 절감하기 시작했던 것 같다. 우리 부모님들은 어떤 보호막도 없이 '개인'으로 벼랑 끝에 내몰리게 되었다. 세계화, 시장화에 개인으로 내던져져 세상 누구도 믿고 의지할 곳이 없게 되었다. 아, 무조건 돈이 있어야겠구나, 회사도 국가도 사회도 이웃도 나를 지켜주지 않는구나, 집단적 공포가 급속히 자리잡았던 것 같다. 이전까지는 사회적으로 옳은 것이 살아 있었고, 사람의 도리가 살아 있었다. 돈보다 중요한 것, 돈으로 할 수 없는 것이 엄연히 살아 있었다. 그런데 잔인한 세계화와 사회 양극화는 공고한 '가정의 성城'을 쌓고 '각자 살아남기'에 힘을 쏟게 만들었다.

나 하나 지키기도 불안하고, 아이 낳기도 두려워진 시대, 하나만 낳아 남부럽지 않게 기르자는 부모들이 점점 늘어나기 시작했다. 다섯 명에게 고루 나누어지던 애정과 기대를 한 아이에게 쏟아붓는다. 이는 아이에 대한 과도한 투자로 이어진다. 자신의 시대에 누리지 못했던 온갖 혜택을 한풀이하듯 베푼다. 더 나은 졸업장과 학위, 자격증 하나라도 더 얹어 주려고 부모 공부 컨설턴트가 되어 고액과외, 조기영어, 좋은 책, 좋은 문화체험으로 자녀의 목을 끌고 다닌다. 아니 모시고 다닌다. 하지만 그렇게 해서 살아남는 아이들은 그나마 얼마 안 된다. 이미 '강부자' 아이들은 거의 미국에 조기유학 가 있다. 안 되면 캐나다라도 간다.

네가 하고 싶고 좋아하는 걸 하라고 말하면서도 조건은 빠지지 않는다. "그래도 좋은 대학은…", "교수가 되든지 성공한 전문가는 되어야지…", "유학과 영어만은…." 자녀에게 투입한 자본과 시간이 많을수록, 기대와 집착은 끊이지 않는다. 하지만 시장으로 나가는 순간 자녀의 가격은 냉혹히 정해진다. 자신이 투입한 본전조차 건질 수 없는 부실품이었음이 드러난다. 그래도 환상에서 깨어날 줄 모른다. 안 먹고 안 쓰고, 부모 자신의 인생을 모두 유보해가며 어디가 끝인지도 모르고 쏟아붓는다. 엄청난 돈과 에너지가 소모되고 자신들의 노후조차 소진되면서. 그 결과 우리들은 서른 살이 넘어서도 물질적, 정서적, 정신적 미독립상태가 되었다. 다 큰 대학생이 어린아이 말투를 하고 애완동물처럼 구는 모습은 이제 이상해 보이지도 않는다. 부모에게 의존적이고 덩치만 큰 '어른 아이'가 되어 부모를 착취하며 언제까지나 보호막 속으로 자기존재의 책임을 회피한다. 이 악순환은 대를 물려 계속된다.

올더스 헉슬리의 『멋진 신세계』에서 주인공 존이 말한

다. "저는 안락을 원치 않습니다. 저는 신을 원합니다. 시와 진정한 위험과 자유와 선을 원합니다. 저는 죄를 원합니다."
"그러니까 자네는 불행해질 권리를 요구하고 있군 그래. 그렇다면 말할 것도 없이 나이를 먹어 추해지는 권리, 매독과 암에 걸릴 권리, 먹을 것이 떨어지는 권리, 이가 들끓을 권리, 내일 무슨 일이 일어날지 몰라서 끊임없이 불안에 떨 권리, 장티푸스에 걸릴 권리, 온갖 표현할 수 없는 고민에 시달릴 권리도 요구하겠지?" "저는 그 모든 것을 요구합니다."

한마디로 "나에게 행복할 자유를 다오. 동시에 불행할 자유를 다오"라는 말이다.

세상 모든 좋은 부모님들께 부탁드린다. 특히 진보적이라는 부모님들께 말씀드린다.

제발 자녀를 자유롭게 놓아 주십시오. 당신의 몸을 빌어 왔지만 그는 누구도 대신할 수 없는 신성하고 고유한 존재이지 당신의 소유가 아닙니다. 아이를 위해 '좋은 부모'가 되려 하지 말고 당신의 '좋은 삶'을 사십시오. 당신이 하고 싶은 사랑이 진정한 사랑이 아닙니다. 당신께서 끔찍이 아끼고 믿고 잘해준 아이의 내면에 지금 무슨 일이 생겨나고 있는지 아시는지요. 당신은 결코 아이의 내밀한 영혼을, 아이만의 상처와 비밀을, 그 내면의 불안과 두려움을, 부모 앞에서 태연히 웃고 있는 고뇌를 알 수 없고 알려고 해서도 안 됩니다. 집단적 두려움에 질린 부모들의 두려운 사랑으로 두려움에 가득 찬 아이로 만들어 내지 마십시오. '사랑의 이름'으로 길들이며 자율성의 자기 날개를 꺾어버리지 마십시오. 당신은 결코 아이의 미래를 대신 살아줄 수 없습니다. 아무리 미래를 예측한다 해도 과거의 체험과 과거의 욕망으로 자신이 설정해 놓은 성공의 길로 몰아대며 단념시키려거나 다른 방향으로 이끌려고 하지 마십시오. 그저 뜨거운 침묵으로 지켜보고 격려해주기만 하면 스스로 저지르고 실패하고 성찰하고 일어서며 자신의 길을 찾아갈 것입니다. 부모님이 해줄 수 있는 최고의 사랑은 서툴지만 자기 생각대로 살고 책임지겠다는 자녀의 저항에 기꺼이 져주는 존재가 되는 것입니다.

그리고 부디 바라건데, 우리 젊은이들은 눈물을 머금고 부모산성을 뛰어 넘어야 한다. 부모의 사슬도 사슬은 사슬이다. 자신의 두 날개를 얽어맨다면 사랑의 사슬도 사슬이다. 솔직히 부모님은 이 잘못된 사회의 희생자이자 억압의 동조자이기도 하다. 부모산성을 뚫고, 낡은 세대의 낡은 관념을 깨뜨리고, 스스로의 힘으로 자신을 찾아 나서지 못한다면, 젊음은 영영 피어나지 못할 것이다. 언제까지나 부모의 품을 떠나지 못하고 자신이 살아내야 할 삶을 선택하고 책임지지 못한다면, 부모 없는 미래 삶의 세파를 이겨나갈 힘도 가질 수 없을 것이다.

고백하거니와 이 모든 말은 실상 나약한 나 자신에게 하는 말에 다름 아니다. 나의 자퇴로 슬픔에 빠져 있는 우리 부모님. 그분들이 입었을 상처와 배신감을 나는 헤아릴 수가 없다. 하지만 나는 감히 말씀드릴 수 있다. 이 아픈 시간이 흐르고 나면, 나의 대학거부를 잘한 일이라고 긍정해 주실 거라고. 내가 부모님의 은혜에 보답할 수 있는 길은 진정한 나 자신을 찾아 사는 길일 거라고. 내가 배신한 것은 우리 부모님이 아니라 부모님의 바람과 사랑 안에 파고든 나의 적들이라고. 내가 아무리 부모님 보기에 좋은 성공을 하고 돈을 많이 갖다 드린다 해도 내 영혼이 시들고 내가 괴롭고 나이 들수록 후회와 회한에 사로잡힌다면, 내가 사랑하는 우리 부모님 또한 결코 좋아하지 않으리라는 것을 나는 믿는다. 내겐 백 번의 좋은 말과 교육보다 우리 부모님이 보여주신 한 번의 삶의 모범이 나의 등불이 되고 하늘처럼 보였으니. 오늘의 나에게 조금이라도 빛나는 면이 있다면 그것은 모두 대학도 나오지 않은 나의 어머니, 아버지가 묵묵히 보여주신 진실한 삶으로부터 물려받은 선물일 것이다.

IV 저항하지 않으면 젊음이 아니다

나는 대학과 기업과 국가, 그리고 대학에서 답을 찾으라는 그들의 큰 탓을
묻는다. 깊은 분노로. 그러나 동시에 그들의 유지자가 되었던 내 작은 탓을
묻는다. 깊은 슬픔으로. '공부만 잘하면' 모든 것을 용서받고, 경쟁에서 이기는
능력만을 키우며 나를 값비싼 상품으로 가공해온 내가 이 체제를 떠받치고
있었음을 고백할 수밖에 없다. 이 시대에 가장 위악한 것 중에 하나가 졸업장
인생인 나, 나 자신임을 고백할 수밖에 없다. 그리하여 오늘 나는 대학을
그만둔다. 아니, 거부한다. 더 많이 쌓기만 하다가 내 삶이 한번 다 꽃피지도
못하고 시들어 버리기 전에. 쓸모 있는 상품으로 '간택'되지 않고 쓸모 없는
인간의 길을 '선택'하기 위해. 이제 나에게는 이것들을 가질 자유보다는
이것들로부터의 자유가 더 필요하다. 자유의 대가로 나는 길을 잃을 것이고
도전에 부딪힐 것이고 상처 받을 것이다. 그러나 그것만이 삶이기에,
삶의 목적인 삶 그 자체를 지금 바로 살기 위해 나는 탈주하고 저항하련다.
생각한 대로 말하고, 말한 대로 행동하고, 행동한 대로 살아내겠다는 용기를
내련다. 이제 대학과 자본의 이 거대한 탑에서 내 몫의 돌멩이 하나가 빠진다.
탑은 끄떡 없을 것이다. 그러나 작지만 균열은 시작되었다. 동시에 대학을
버리고 진정한 大學生의 첫 발을 내딛는 한 인간이 태어난다.
이제 내가 거부한 것들과의 다음 싸움을 앞에 두고 나는 말한다.
그래, "누가 더 강한지는 두고 볼 일이다."

어떻게 꿈이
직업일 수 있는가

　우리 세대는 인류 역사상 그 어느 때보다 많은 지식과
정보로 무장했다는데, 지금 내가 제대로 살고 있는지 확신
이 없다. 인류 역사상 그 어떤 존재보다 먹고 사는 문제를
해결했다는데, 나는 살아남기에 급급하다. 인류 역사상 그
어떤 존재보다 개인의 자유와 선택의 자유가 늘어났다는
데, 나는 갈수록 꼼짝없이 얽매이고 자율성을 잃어간다. 정
작 진정한 나 자신을 찾아 살고, 고유한 개성으로 다르게
살고, 행복을 찾아 살려고 하는 순간 두려움에 사로잡히고
무기력하게 좌절하는 나를 발견한다. 이 '자유의 시대'는 그
런 무기력한 삶을 "너 자신이 자발적으로 선택한 것 아니
냐"고 몰아가고 있었다. 그리하여 나는 우리 시대의 적들을
밝히는 것을 넘어 나 자신의 욕망과 내면에까지 뿌리내린

숨은 구조악의 실체를 찾아 직시해야만 했다.

나 또한 고려대학교 경영학과에 들어가서 회사 경영자나 공인회계사가 되어야만 한다고, 남보다 빨리 그 직업으로 골인하지 못하면 안 된다고 쫓겨 다니던 때가 있었다. 그게 정말 나인 건지 3년 내내 고뇌하고 몸부림치며 살아온 것 같다. 이 문제를 파고들수록 '나'라는 실체는 흐릿해지고, 반대로 선명해지는 건 연봉 가격표가 매겨진 인간상품 김예슬이었다. 나보다 싸보이는 사람들 앞에 우쭐하고, 나보다 비싼 자들 앞에 주눅드는 나였다. 이렇게 돈으로 저울 달아지는 이것이 나란 말인가? 고뇌는 깊어져 갔지만 학교에서는 마음 놓고 얘기해볼 사람이 없었다.

그러던 중 내 고통의 실마리를 어렴풋이 알아차린 순간이 있었다. 꿈을 물어보면 한 사람도 빼놓지 않고 모두들 직업을 대답한다는 것을 알아차린 순간이었다. 정말 맥이 빠지고 슬픈 순간이었다. 어떻게 꿈이 직업일 수 있는가? 정말 어떻게 직업이 꿈일 수 있는가! 학교는 그 꿈이 무엇인지 유일하게 잘 가르쳐준다고, 그걸 따낼 수 있게 해준다고 유혹하면서 우리의 꿈을 시작부터 살해해 버린다. '꿈의 살해'는 물신주의가 휩쓰는 우리 시대의 징표인지도 모른다. 이 우주에 유일한 존재이자 67억 인류 중에 단 하나뿐인 존재들 저마다가 지닌 67억 개의 꿈이 무서운 속도로 멸종되고 있다. 하나뿐인 성공과 하나뿐인 행복의 잣대를 향한 무한경쟁의 질주 속에.

'욕망의 삼각형'이란 말이 있다. 나의 욕망이라고 하는 것은 욕망의 대상, 욕망의 제공자, 욕망하는 나로 이루어진 삼각형이다. 욕망의 대상은 내가 몸담고 살아가는 사회 현실에 의해 제시되는 것이다. '되고 싶은 나'는 사실은 주류사회에서 부추겨진 욕망이고, 이미 자본에 의해 제공된 욕망이다. 그 속에서 꾸는 꿈은 '오염된 꿈'이고 꿈의 씨앗부터 병들어 있는 것이다. 어느 시대나 이로부터 완전히 자유로울 순 없었을 것이다. 하지만 자유의 시대라는 이름은 갈수록 교묘하고 정교하게 우리를 오염된 꿈 속으로 빨아들이고 있다. 거리에서 누구나 붙잡고 물어보라. 초등학생이건 대학생이건 어른이건 누구에게나 꿈이 무엇인지, 뭐가 되고 싶은지, 행복이 뭐라고 생각하는지. 만약 돈과 부자와 명문대를 벗어나는 대답을 하는 사람이 있다면 나는 그를 존경할 것이다.

욕망의 제공자와 욕망의 대상이 끌어당기는 힘은 너무나 강력하다. 그래서 그로부터 진정 빠져 나오기를 원한다면, 진정한 자신을 찾기를 원한다면, 지금의 자신을 부정해야 한다. 시장이 진열해 놓은 것을 선택할 뿐인 자유와 권리를 누리고 있는 것임에도, 그것이 나의 자유의지와 개성으로 선택하고 있다고 착각하는 것은 아닌지. 심지어 우리의 꿈과 욕망과 열정과 내가 좋아하는 것, 잘하는 것, 하고 싶은 것, 되고 싶은 것마저도 실은 '주어진 꿈'이 아닌지. 돈만 있으면 구매할 수 있는 '오염된 꿈'이 아닌지. 한번 크게 의심하고 전체 속에서 떨어져 거리를 두고 보아야만 한다. 그렇지 않은 나는, 세상에서 인정 받을수록 스스로는 부정되는 것이기에. 철저한 자기부정을 통한 자기긍정이 되어야만 그로부터 진정한 내 삶이 시작되는 것이 아닐까. 우리에게는 거대한 적이 있지만 '나 자신이 바로 그 적이다!'라는 냉엄한 진실에서부터 시작해야 하지 않을까.

이런 내 존재와 욕망을 부정하는 것은 나에게 너무나 힘든 일이었다. 더 이상 버티기 어려운 벼랑 끝에 서 있을 때, 나는 내 삶의 끝에서부터 거슬러 오르며 생각해 보기로 했다. 대학과 안정된 직장과 지위를 위해 앞만 보고 달려간 끝에 도달한 나의 삶은 어떤 모습일까? 그렇게 삶을 다 짜낼 때 나에게 남은 삶은 무엇이 있을까? 마치 무기수처럼 날마다 아파트 감옥에서 사무실 감옥을 오갈 것이다. 그 생활에 잘 적응한 대가로 주어지는 더 넓은 아파트와 큰 차. 그리고 '열심히 일한 당신 떠나라'는 대로 모범수의 짧은 휴가를 다녀와 자랑하며, 다음 여행지를 인터넷으로 누비며 기다리는 종신감옥살이를 하게 될 것만 같다. 스스로 호화로운 감옥 속에 들어 앉은 수인이 되어 있을 것만 같다.

경영학 수업에서 귀에 번쩍 꽂히는 말이 있었다. "There is no free lunch." 세상에 공짜는 없다. 맞다. 화려한 감옥은, 돈은, 결코 공짜로 주어지는 법이 없다. 돈은 나에게 말했다. '내가 없이는 넌 초라할 거고 무시 받을 거고 작아질 거다. 나를 가져가라. 내가 너와 함께하면 넌 화려할 거고 인정 받을 거고 힘 있을 거다. 대신 나에게 네 삶과 영혼을 다오. 돈 외의 모든 것을 바쳐다오.' 중간은 없었다. '돈에서 시작할 것인가? 삶에서 시작할 것인가?' 나는 내 인생의 빅딜 Big deal을 마쳤다. 나는 지금까지의 나의 꿈과 욕망과 열정, 아니 씨앗부터 오염된 나의 전부를 던지기로 했다.

그런 커다란 자기부정 끝에 커다란 자기긍정이 찾아왔다. 암처럼 내 안에 들어 앉은 오염된 꿈을 던져버리고 나서야 나는 비로소 직업의 틀로부터 자유로와지고 나는 아주 기쁘게 의미 있는 일을 할 수 있게 되었다. 잘하는 일은 잘해서 즐겁고 서툰 일은 새롭게 깨달아가며 발전해서 즐겁다. 내 안에 그렇게 많은 내가 살아있었다는 게 고맙고 신비한 느낌이 든다. 내 생긴 그릇이야 달라져 본들이겠지만, 그 안에 담긴 것들은 확연히 달라진 것 같다. 내가 남보다 언제나 뛰어나야 한다는 것은 사실 불가능한 것이다. 설령 그렇게 됐다 해도 짧은 성취감과 긴 불안감이 또다시 짓누른다. 남과 비교하는 순간 불행이 시작된다. 그것은 평생 이길 수 없는 게임이라는 것을 나는 안다. 왜 내가 남이 되려고 하는가? 나는 남을 이겨 앞서가기를 거부한다. 오직 나를 이겨 진정한 나 자신의 삶으로 한 걸음씩 나아가기를 바랄 뿐이다. 그러면 나에게 부족한 것은 좋은 벗들로 대신하고, 내가 잘하는 것은 서로 함께 나눌 수 있을 것이다.

주어진 몇 개의 잘 나가는 직업에서 꿈을 찾지 말았으면 좋겠다. 그것은 루저가 되는 지름길에 다름 아니다. 직업이라는 형태는 수도 없이 바뀐다. 단 하나를 위해 경쟁하는 꿈, 실용적인 꿈, 주어진 꿈, 오염된 꿈은 너무 금세 폐기처분 되어버린다. 좋은 부모님과 괜찮은 선생님들이 입에 달고 다니는 말, 내가 뭘 잘하는지, 하고 싶은 일이 뭔지를 먼저 찾으려고 애쓰지도 말자. 무엇이 옳은지, 어떻게 사는 게 인간다운 삶인지, 어떻게 살면 진정한 내가 될 수 있는지를 먼저 찾아가자. 그렇게 삶에서 시작하다 보면 내 인연의 때에 맞춰 내가 잘 할 수 있는 일을 알게 될 것이고 나와 맞는 직업을 골라가면 될 것이다. 내가 누구인지도 모르면서, 내 안에 얼마나 빛나는 그 무엇이 있는지 제대로 한번 탐구해 보지도 않고, 끝없이 밖으로 뛰어다니고 남의 시선에 상처 받고 경쟁하면서 "돈 없으면…"이라는 학습된 두려움에 서둘러 자신을 팔아버리는 건 바보 같은 짓이 아닌가.

직업이 진정한 나를 일그러뜨리고, 내 안에 살고 있으나 아직 내가 미처 알지 못하는 잠재된 재능들을 소멸시키게 하지 않겠다는 결심, 나 자신을 먼저 찾고 나의 본성으로 직업을 선택해 가겠다고 결심하자. 꿈은 직업이 아니다. 직업은 꿈이 아니다! 나는 눈앞의 대학이나 직업보다 더 큰 존재라고 당당하게 외치자. 그게 젊음의 특권이고 대학 시절의 의무일테니까.

살아있다는 것은
저항한다는 것이다

지금 이대로 가면 내 삶이 좋아질까? 교수님과 부모님 말씀대로 하면 새 길이 열릴까? 조금 더 열심히 하면 앞이 보일까? 내가 착해지면 이 사회가 밝아질까? 그렇다면 우리 열심히 적응하자. 조금 더 인내하고 순응해나가자. 아니라면, 우리 저항하고 탈주하자! 젊음은 살아있음이고 살아있다는 건 저항한다는 것이리라.

돌아보면 '불온한 생각을 가진 젊은이들'이 세상을 바꿔왔던 것 같다. 인간답게 살고 싶다는 불온한 생각, "아닌 건 아니다!"라고 말하는 불온한 생각, 돈이 주인이 아닌 인간이 주인인 사회를 만들고 싶다는 불온한 생각, 정의와 평등의 세계를 실현하겠다는 불온한 생각을 가진 젊은이들이 거대한 주류질서를 뒤엎고 세계를 이만큼 진보시켜왔다고 나는 생각한다. 그들은 순수한 가슴이 부르는 길을 따라 진리와 정의를 상식의 사회로 여기까지 밀어왔다. 오늘 우리가 당연한 듯이 누리는 민주화와 자유의 공기는 바로 그런 앞선 젊은이들의 피 어린 발자국을 딛고 피어난 것이다.

매 시대마다 분명 그 시대만의 모순과 과제가 있었다. 그때마다 젊은이들은 자신에게 주어진 공동의 과제를 저마다 자기 몫으로 나눠 가지며 고뇌하고 저항하고 상처받으며 분투해 왔다. 그런데 지금의 우리 세대는 과제도 사명감도 부여 받지 못한 채 개인으로 떠돌고 있는 것 같다. 아니, 사회 밖으로 그냥 내던져져 있는 것만 같다. 지금 우리 사회에 모순이 없는 걸까? 시대적 과제가 사라진 걸까? 세상은 잘 돌아가고 희망차고 좋아지고 있는 걸까? 우리가 지금 살아가는 시대는 세계화된 자본권력의 시대가 아닌가. 전 지구적 빈부격차와 사회 양극화, 기후변화와 생태위기, 미국의 전쟁과 테러저항, 사회적 영혼의 불안이 깊어지고 있다. 그로부터 우리 젊은 세대는 너무나 상처 받고 있다고 나는 생각한다.

대학거부 선언을 하고 당당히 대학 문을 나섰지만, 고졸자 신분으로 돌아온 나 역시 막막하다. 집안형편은 어렵고 저금한 돈이 있을 리 없다. 나부터도 무엇을 해야 할지, 무엇을 할 수 있을지 아직 혼란스럽기만 하다. 학교를 그만두고 나니 시간은 많아졌지만 불안하기만 하다. 나 또한 어찌할 도리가 없어 빠르게 일상으로 돌아가버리는 건 아닌지 두렵기만 하다.

하지만 나는 안다. 생각할 틈도, 혼란을 겪을 틈도 없이 거짓 희망의 북소리에 맞춰 앞만 보고 진군하는 것이 훨씬 괴로운 것임을. 그리하여 지금 내가 혼란스러운 것은 '다른 길을 찾으라'는 고통스런 선물일지도 모른다는 생각이 든다. 아파야 낫는다고 하지 않는가. 지금 이 고통과 상처를 통해 분명 다른 희망의 길로 걸어갈 수 있다는 어렴풋한 느낌이 든다. 그렇기에 나는 젊음이라는 빛나는 무기 하나 믿고 위험한 길을 나서는 것이다. 거짓과 더불어 제정신으로 사느니 진실과 더불어 미친 듯이 사는 쪽을 택하기로 한 것이다.

나에게는 그 첫걸음이 대학거부였다. 나는 모두가 대학을 그만두어야 한다고 말할 수는 없다. 하지만 대학은 결코 지식의 독점체가 아니라고, 결코 나를 규정짓고 내 인생을 좌지우지하는 것이 자격증일 수 없다고, 안과 밖의 거대한 나의 적을 향해 저항하고 선언했다.

그리고 나는 다시 요구한다. 대학 자격 시스템은 여러 배움의 과정 중에 하나가 되어야 한다고. 대학과 국가와 시장이라는 억압의 3각동맹이 박탈한 배움의 자유를, 우리 스스로 포기해버린 '배움의 자유'를, '배움의 민주주의'를 되찾아야 한다고. 무수히 많은 직업이, 67억 개의 다르게 행복한 삶이, 더 이상 자격증을 통해 지배되지 않는다면 우리 젊은이들의 선택과 미래의 길은 훨씬 다양해질 것만은 분명하기 때문이다.

누군가 이렇게 항변해 올 것도 안다. "이 학교 의무교육 제도와 대학을 통한 졸업장과 자격증이라는 인간능력의 유일한 판별 방법을 버리면 다른 방법이 있냐"고. 나는 이렇게 답하겠다. 나도 모른다. 하지만 나는 모른다는 것을 안다. 이건 정말 아니라는 것은 안다. 그런데 '지옥으로 가는 길을 알면 천국으로 가는 길을 알 수 있다'고 하지 않은가. 그들이 만들어 놓은 제도를 편리하게 유지하기 위해 우리들의 개성과 인생을 파괴하는 합리화를 나는 인정할 수 없다고, 나부터 더 이상 그 체제의 유지자가 되어주지 않겠다고 나는 답하겠다.

사실 자격증으로 한 존재를 판별하는 이 시스템은 불과 얼마 되지 않은 것인데, 우리는 이것이 영영 바뀌지 않을 것이며 유일한 것이라고 답을 내리고 있다. 지난 수만 년간 아이들은 삶의 현장에서 직접 경험하면서 세계를 배웠다. 긴 인생의 길 위에서 부딪치는 크고 작은 역경과 문제들을 스스로 헤쳐 나왔고 상처 속에서 인생을 깊이 느끼고 실패 속에서 생각하면서 가장 자기답게 사는 지혜를 길러왔다. 오늘 우리의 학교와 배움이 이렇게 새롭게 재창조되어야 한다는 것이 왜 이상일 뿐인가? 지식이 난무하는 시대에 왜 이

런 생각이 "극단적인 꿈"으로 버려져야 하는가? 아니 물음
조차 삼켜져야 하는가?

다시 대안이 무엇이냐 묻는다면 나는 말하겠다. 저항이
대안이다! 살아있다는 것은 저항한다는 것이기에. 젊음은
저항이고 삶은 저항이기에. 나는 먼저 현실을 있는 그대로
바라볼 것이다. 주관적 바람이나 희망을 섞지 않고 사실을
사실대로 바라볼 것이다. 불안과 두려움을 직시할 것이다.
거짓 희망의 말들에 속지 않을 것이다. 우리가 희망을 잃어
버린 것은 헛된 희망에 사로잡혀서이기에.

"억압 받지 않으면 진리가 아니다
  상처 받지 않으면 사랑이 아니다
  저항하지 않으면 젊음이 아니다"

그리하여 나는 기꺼이 억압 받고, 상처 받고, 저항할 것
이다. 나는 그 저항의 길을 내가 먼저 걸어갈 것이다. 멈추
지 않는 작은 돌멩이의 외침으로!

이런 삶의 대학 하나
세우는 꿈

우리 대학은 입학시험이 없다.

우리는 졸업장도 자격증도 없다.

당연히 교수도 캠퍼스도 없다.

입학시험은 없지만

진정한 자신을 살겠다는 스스로의 약속이 필요하다.

졸업장과 자격증은 없지만

일생을 함께할 자신감과 좋은 벗들이 주어진다.

교수는 없지만

숨은 현자와 장인과 세계의 토박이 지성들이 우리의 교수다.

캠퍼스는 없지만

온 국토와 지구마을과 삶의 현장이 우리의 캠퍼스다.

교과목은 다음과 같다.

발목이 시리도록 대지를 걷고

계절의 길을 거닐며 야생자연을 탐험한다.

자기 몸의 소리에 귀 기울이고

스스로 치유할 줄 아는 건강법을 익힌다.

지감각을 되살리고 민감한 감성으로

절정체험의 순간을 느낀다.

자기만의 아름다움을 가꾸며

적은 소유로 기품 있게 사는 법을 익힌다.

우정과 사랑의 기쁨을 누리고

슬픔과 고통을 다루는 삶의 기술을 배운다.

시를 낭송하고 손글씨를 쓰고

깊은 숨을 고르며 내 영혼의 고유한 리듬에 따른다.

묵직한 고전을 읽고 신문뉴스를 분석하고

그것을 삶에 곧바로 적용시켜 나간다.

호미와 삽을 들고 생명농사를 짓고

도시와 농촌을 오가는 나눔농부가 된다.

스스로 밥을 지어 차려내고

생활도구를 만들어 쓰는 살림살이를 배운다.

월드뮤직을 듣고 다른 문화를 탐구하며

글로컬 Glocal 마인드를 키운다.

힘없는 사람들과 불의한 현장에 함께하고

전쟁을 반대하는 평화행동을 한다.
국경 너머 굶주림과 분쟁현장에
작은 평화를 나누는 마음을 기르고 실천한다.
자신의 잠재된 재능을 찾아
사회에 꼭 필요한 창업을 하고 경영하는 법을 익힌다.
종교의 틀을 넘어 경전을 묵상하고
마음을 맑게 하며 수행 정진한다.

학사운영 원칙은 다음과 같다.
봄싹이 트고 꽃이 피고 수확하고 눈 내리는 날은
노래하고 춤추며 신나게 뛰어논다.
일을 잘하는 것보다 사람 중심으로,
행복한 마음으로 서로 사이좋게 해 나간다.
억지로 하지 말고 자유롭게 하되
서로의 약속을 지키고 사람으로서 '안 되는 건 안 된다.'

지금 여기, 단단하고 건강한 토종씨앗처럼
빛과 사랑의 아이들이 스스로 키워온
희망의 씨앗이 퍼져 나간다.
이런 빛나는 삶의 대학 하나 세워가는 꿈을 꾼다.

작은 돌멩이의 외침

"길이 끝나면 거기 새로운 길이 열린다

한쪽 문이 닫히면 거기 다른 쪽 문이 열린다

내가 무너지면 거기 더 큰 내가 일어선다"

나의 대학거부 선언은 진달래가 피고 매화꽃이 떨어질 때쯤이면 시든 꽃처럼 조용히 잊혀질 것이다. 그리고 내 몸의 돌멩이 하나가 빠져 나온 대학은, 학교는, 이 거대한 시스템은, 일상의 속도로 모든 것을 빨아들이며 끄떡없이 돌아갈 것이다. 그리고 나는 발길에 채이는 돌멩이처럼 굴러다닐지도 모를 일이다. 하지만, 작지만 균열은 시작되었다. 나는 내 자리에서 근원적인 나의 저항을 치열하게 살아낼 것이다. 작지만 옳은 일을 옳은 방법으로, 꾸준히 밀고 가는 것만큼 무서운 힘은 없다는 것을 나는 믿는다.

아직 생각의 힘도 살아낸 진리도 모자란 내가 스스로도 답을 내리지 못한 무수한 물음들을, 채 익지도 않은 말을, 이렇게 책으로 내는 것이 부끄럽고 죄송할 뿐이다. 다만 나는 값비싼 등록금을 갖다 바친 대학이나 인문학 강의를 통해 이런 생각을 쓸 수 있게 된 것이 아님을 밝혀두어야겠다. 나는 운 좋게 좋은 스승을 만날 수 있었고, 〈대학생나눔문화〉 친구들과 함께 모여 마음나누기를 하고, 매주 토요일 고전과 신문을 읽고 토론하고, 우리 사회 약자들의 현장을 찾아가 불의와 맞서고, 뜨거운 농사체험을 하고, 전쟁을 반대하는 평화행동을 하면서 이 책에 쓴 생각들을 키워올 수 있었다. 할 줄 아는 게 공부밖에 없고 늘 칭찬만 받고 자라서인지 쉽게 상처 받곤 하던 나에게, 항상 진심으로 웃어주고 격려해주면서 힘들 때면 곁에 있어준 친구들의 우정으로 여기까지 올 수 있었다. 〈대학생나눔문화〉 친구들과 어서 빨리 우리가 꿈꾸는 삶의 대학이 세워지기를 간절히 기도해 본다.

또한 나를 키워주신 내 삶의 스승들께 감사드린다. 작은 것들의 아름다움과 적정기술의 소중함을 일깨워준 슈마허 E.F. Schumacher와 대지의 철학자 루이스 멈포드Lewis Mumford, 단 몇 사람이라도 절대적으로 선한 사람이 어디엔가 있는 것이 중요하다고 용기를 준 불복종의 선배 헨리 데이빗 소로우Henry David Thoreau, 무지의 찬양과 무보수의 찬양을 가르쳐 준 수도자 쟈끄 러끌레르끄Chanoine Jacques Leclercq, 사회 문제를 보는 눈과 혁명에 대한 상상력과 용기를 준 칼 마르크스 Karl Heinrich Marx와 C.라이트 밀즈C. Wright Mills와 크로포트킨Pyotr Alekseyevich Kropotkin, 경영은 단지 術術이 아닌 도道여야 함을 느끼게 해준 피터 드러커Peter F. Drucker, 잊혀진 우리 전통 사상과 영성을 되살려 물려준 다석 유영모, 민초들의 아픈 현대사를 온몸으로 살아내신 내 마음의 성자 권정생, 학교는

다니지 않았지만 여자의 위엄과 강인한 삶의 지혜를 보여 주신 우리 할머니, 이 억압의 시스템에 대한 근원적 통찰과 대안 삶의 영감을 준 인간적 래디컬리스트 이반 일리치Ivan Illich, 대지에 뿌리 박은 삶으로 자본의 세계화에 온몸으로 맞서는 세계의 토박이들, 눈 덮인 자그로스 산맥에서 영혼의 총을 들고 저항하다 이름 없이 죽어가는 쿠르드Kurd 소녀 게릴라들, 그리고 늘 새로운 첫마음으로 진정한 혁명의 길이 무엇인지 우리들 삶의 거울이 되어준 박노해 시인께 감사의 마음을 바친다.

이 책이 널리 읽혀져 인세가 생긴다면 우리가 꿈꾸는 삶의 대학을 세우는 종자로 쓰이도록 할 것이다. 머지않아 우리들의 멋진 배움터에서 웃으며 만나기를 바라며, 나눔농부들의 삶터가 생기기를 간절히 기도드린다.

이것으로 나의 대학거부 선언에 대한 이야기는 마치도록 하자. 이제 나는 자유다. 자유의 대가로 나는 수많은 비난을 받을 것이고 길을 잃을 것이고 상처 받을 것이다. 하지만 죽은 대학을 버리고 진정한 대학생의 첫 발을 내딛는 한 인간이 태어난다. 이제 내가 거부한 것들과의 다음 싸움을 앞에 두고 나는 말한다. 그래, "누가 더 강한지는 두고 볼 일이다."

김예슬 선언

오늘 나는 대학을 그만둔다, 아니 거부한다

2판 1쇄 발행 2023년 4월 20일
초판 1쇄 발행 2010년 4월 14일

지은이 | 김예슬
디자인 | 홍동원
제작 | 윤지혜
홍보 | 이상훈
종이 | 월드페이퍼
인쇄 | 천광인쇄사
제본 | 일진체책사

발행인 | 임소희
발행처 | 느린걸음
등록일 | 2002년 3월 15일
등록번호 | 제 300-2009-109호
주소 | 서울특별시 종로구 사직로8길 34, 330호
전화 | 02-733-3773
팩스 | 02-734-1976
이메일 | slow-walk@slow-walk.com
블로그 | blog.naver.com/slow_foot
인스타그램 | instagram.com/slow_walk_book

ⓒ 2010, 김예슬
ISBN 978-89-91418-07-3 03370